Projektorientierte Aufgaben mit Lösungen

Metallbauer/in Fachrichtung Konstruktionstechnik
Gesellenprüfung Teil 1

Theorie und Praxis an zwei Prüfungsstücken

Uwe Giese
Helga Feiler

Handwerk-Technik – Hamburg

Bildquellen

Für die Überlassung von Bilddaten und Vorlagen bedanken wir uns bei:

fischerwerke GmbH & Co. KG, Waldachtal: S. 78, 102

Metallgewerbeverband Nord, Kiel: S. 19, 29, 30, 34, 35

ISBN 978-3-582-31925-8
Best.-Nr. 31925
Arbeitsheft – 1. Auflage

Best.-Nr. DA0901052
Download-Material mit Lösungen

Verlag Handwerk und Technik GmbH,
Lademannbogen 135, 22339 Hamburg; Postfach 63 05 00, 22331 Hamburg – 2019
E-Mail: info@handwerk-technik.de – Internet: www.handwerk-technik.de

Satz und Layout: dtp design, Verlags- und Medienservice, 35085 Ebsdorfergrund
Umschlagmotiv: Uwe Giese, Hamburg
Druck: Elbe Druckerei Wittenberg GmbH, 06896 Lutherstadt Wittenberg

Vorwort

Als Lehrerteam sind wir seit vielen Jahren gemeinsam im BBZ Norderstedt mit der Ausbildung von Metallbauerinnen und Metallbauern befasst. Darüber hinaus ist Uwe Giese seit 1991 Angehöriger des Aufgabenerstellungsausschusses für die Prüfungsaufgaben der Metallbauer im Metallgewerbeverband Nord. Selbstverständlich ist dann auch die Mitarbeit im Prüfungsausschuss der Innung.

Schon mehrmals haben wir mit unseren Schülern den verstellbaren Bock als ein Unterrichtsprojekt zur Vorbereitung auf den Teil 1 der Gesellenprüfung verwendet. Das vorliegende Buch ist zum Selbststudium gedacht. Der angehende Metallbauer-Geselle bekommt ein Übungsbuch, mit dem er sich selbstständig und sehr nah an der wirklichen Prüfungssituation auf seine Gesellenprüfung vorbereiten kann. Alle Prüfungsteile, inklusive der Fertigung des Prüfungsstückes in der Werkstatt, werden simuliert. Die Bewertungsbögen samt Beispielen und auch die Lösungsvorschläge im Anhang helfen, Unklarheiten zu beseitigen und den eigenen Wissens- und Könnensstand realistisch einzuschätzen, um wo nötig nachzubessern.

Als Lernträger dienen verbrauchte Gesellenprüfungen aus Schleswig-Holstein, die weiter bearbeitet und ergänzt wurden.

Der zweite Teil der Gesellenprüfung ist zwar inhaltlich anspruchsvoller, hält sich aber an das gleiche Schema wie es schon im Teil 1 der Gesellenprüfung vorliegt. Es gibt einen Theorieteil, der sich weitgehend an das Prüfungsstück anlehnt, die Fertigung mit Qualitätskontrolle und das Fachgespräch. Vor allem das zweite Projekt eignet sich deshalb durchaus auch zur Wiederholung und Vorbereitung auf den Teil 2 der Gesellenprüfung.

Im Lehrerteil, der als Downloadmaterial zur Verfügung steht, stellen wir darüber hinaus in diesem Leitfaden unsere Unterrichtsvorbereitung zur Prüfungsvorbereitung vor. Dazu geben wir Anregungen, wie dieses Buch im Unterricht eingesetzt werden kann. Die kompletten Inventor-Dateien liegen als ZIP-File zum Download gemeinsam mit dem Lehrerband vor. Mithilfe des über autodesk.de erhältlichen Viewers lassen sich die Modelle betrachten, zoomen, drehen und ausdrucken. Unter Verwendung einer Vollversion des Autodesk Inventors ergeben sich umfangreiche Möglichkeiten für den Unterricht mit Smartboard und Beamer. Zur Erstellung der Modelle wurde das Release Inventor Professional 2017 verwendet.

Wir bedanken uns beim Verlag Handwerk und Technik für die Realisierung dieses Projektes. Der Autodesk GmbH danken wir ganz besonders für die freundliche Unterstützung.

Autoren und Verlag

Inhaltsverzeichnis

Prüfungsstück 1: Verstellbarer Bock

Prüfungsstück 2: Abfallsammler

Verstellbarer Bock	
Einleitung	
Name:	Klasse:	Datum:

Die Gesellenprüfung für Metallbauer erfolgt als gestreckte Gesellenprüfung in zwei Teilen. Der erste Teil mit einer Gewichtung von **30 % am Gesamtergebnis** wird gegen Ende des zweiten Ausbildungsjahres abgelegt.

Die gesetzliche Vorgabe, Verordnung von 2008, findet man im Internet mit dem Stichwort: „MetallbAusbV 2008“. Der §7 befasst sich mit dem Teil 1 der gesteckten Gesellenprüfung.

Die zu erwerbenden Fähigkeiten und damit die abgeprüften Inhalte, Kerninhalte der Prüfungen, finden sie sehr gut zusammengefasst in einem Papier des Fachverbandes Metall Bayern. Man sucht mit den Stichworten: „Fachverband Metall Bayern Kerninhalte Prüfungen“. So gelangt man auf die entsprechende Seite. Im Bereich unter den Prüfungsterminen gibt es unter der Überschrift „Kerninhalte der Prüfungen“ einen Link zu einem äußert informativen und gut gemachten PDF-Dokument.

Die Prüfung als Gesamtarbeitsauftrag, bzw. Kundenauftrag, gliedert sich in vier Teile, die im Rahmen der vorgestellten Projekte simuliert werden sollen. Bei der Vorgabe von insgesamt sieben Stunden Prüfungszeit ist einzig der Bedarf für das Fachgespräch mit höchstens 15 Minuten festgelegt. Zwischen den übrigen Prüfungsteilen kann demnach Zeit hin und her geschoben werden.

Das Schema für den Prüfungsablauf sieht wie folgt aus. Die in den Unterpunkten genannten Inhalte sind aus der Ausbildungsverordnung zitiert.

1. **Planungsaufgaben,** Zeitbedarf 90 Minuten. Sie erhalten die Aufgaben zusammen mit der Fertigungszeichnung.
   Die Aufgaben sollen den Prüfling mit dem zu fertigenden Stück vertraut machen. Er soll unter Beweis stellen, dass er:
   … Arbeitspläne und Prüf- und Messprotokolle anfertigen kann, technische Unterlagen nutzt, die Arbeitsschritte plant, Arbeitsmittel festlegt, … sowie Fertigungsabläufe, insbesondere den Zusammenhang von Technik, Arbeitsorganisation, Umweltschutz und Wirtschaftlichkeit berücksichtigt …

2. **Fertigung,** Zeitbedarf 5 Stunden. Sie arbeiten nach der Fertigungszeichnung.
   Hier soll der Prüfling manuelle und maschinelle Bearbeitungstechniken und Umformtechniken, lösbare und unlösbare Fügetechniken anwenden, sowie die Sicherheit und den Gesundheitsschutz bei der Arbeit berücksichtigen.

3. **Qualitätskontrolle,** Zeitbedarf 15 Minuten. Sie erhalten ein Formular mit Prüfpunkten.
   Das ist die Bewertung der eigenen Arbeit am fertigen Stück. Das heißt: Nutzung technischer Unterlagen, z. B. für Finden von Toleranzen, Durchführung und Bewertung von Messungen.

4. **Fachgespräch,** Zeitbedarf max. 15 Minuten, Sie sprechen mit dem Ausschuss über die Fertigung Ihres Stückes. Das Fachgespräch soll situativ, d. h. während der Fertigungsphase geführt werden. Es kann aber auch nach der Fertigung erfolgen. Der Prüfling stellt fachbezogene Probleme und deren Lösungen dar, zeigt die für die Arbeitsaufgabe wesentlichen fachlichen Hintergründe auf und erhält Gelegenheit, die Vorgehensweise bei der Durchführung der Arbeitsaufgabe zu begründen.

Alle Prüfungsteile werden in engem zeitlichem Zusammenhang durchgeführt.

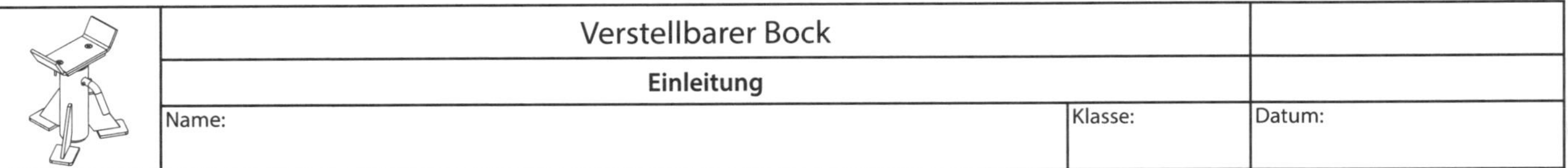

Zu allen genannten Punkten gibt es Übungen oder andere Hinweise, die Sie mit der Prüfungssituation vertraut machen werden. Im Anschluss an die Übung führen Sie den jeweiligen Prüfungsteil in echter Situation durch. Schließlich können Sie die Auswertung Ihrer Übungsprüfung anhand von Seite 35 selbst vornehmen.

Der Beginn ist immer ein theoretischer Teil im Klassenraum. Sie erhalten zusammen mit den Planungsaufgaben auch den Zeichnungssatz, nach dem das Prüfungsstück gefertigt werden wird. Die Planungsaufgaben können Ihnen helfen, das Stück zu erfassen. Immer nehmen Sie schwierige Details der Fertigung planerisch vorweg.

Allgemeingültige Leitfragen, die Ihnen helfen werden, ein Prüfungsstück zu verstehen, sind hier zusammen gestellt.

Achtung: Die Zeit, die Sie sich für diesen Teil nehmen, geht von der Zeit zur schriftlichen Beantwortung der Planungsaufgaben ab. Nehmen Sie sich deshalb höchstens zehn Minuten, eher nur fünf Minuten Zeit, um Antworten auf diese allgemeinen Fragen zu finden.

- Welchem Zweck dient das Werkstück?
- Welche Positionen sind beweglich?
- Welche Positionen sind fest?
- Wie wird gefügt?
- Wo sind die Einzelteile aus der Stückliste in der Zusammenbauzeichnung zu sehen?
- Welche Positionen werde ich selbst fertigen, welche davon sind bereits auf Länge zugeschnitten?
- Welche Positionen sind Normteile?

Bevor Sie mit der eigentlichen Prüfung beginnen, üben Sie zunächst diese Technik, sich eine Zeichnung zu erschließen. Dazu bearbeiten Sie schriftlich die Aufgaben zum Zeichnungslesen auf den Seiten 11 bis 17.

Vergleichen Sie erst danach mit den Lösungsvorschlägen aus dem Anhang. Wissenslücken, die sich aufgetan haben, schließen Sie Sie sodann mithilfe Ihres Fachbuchs und Ihres Tabellenbuchs.

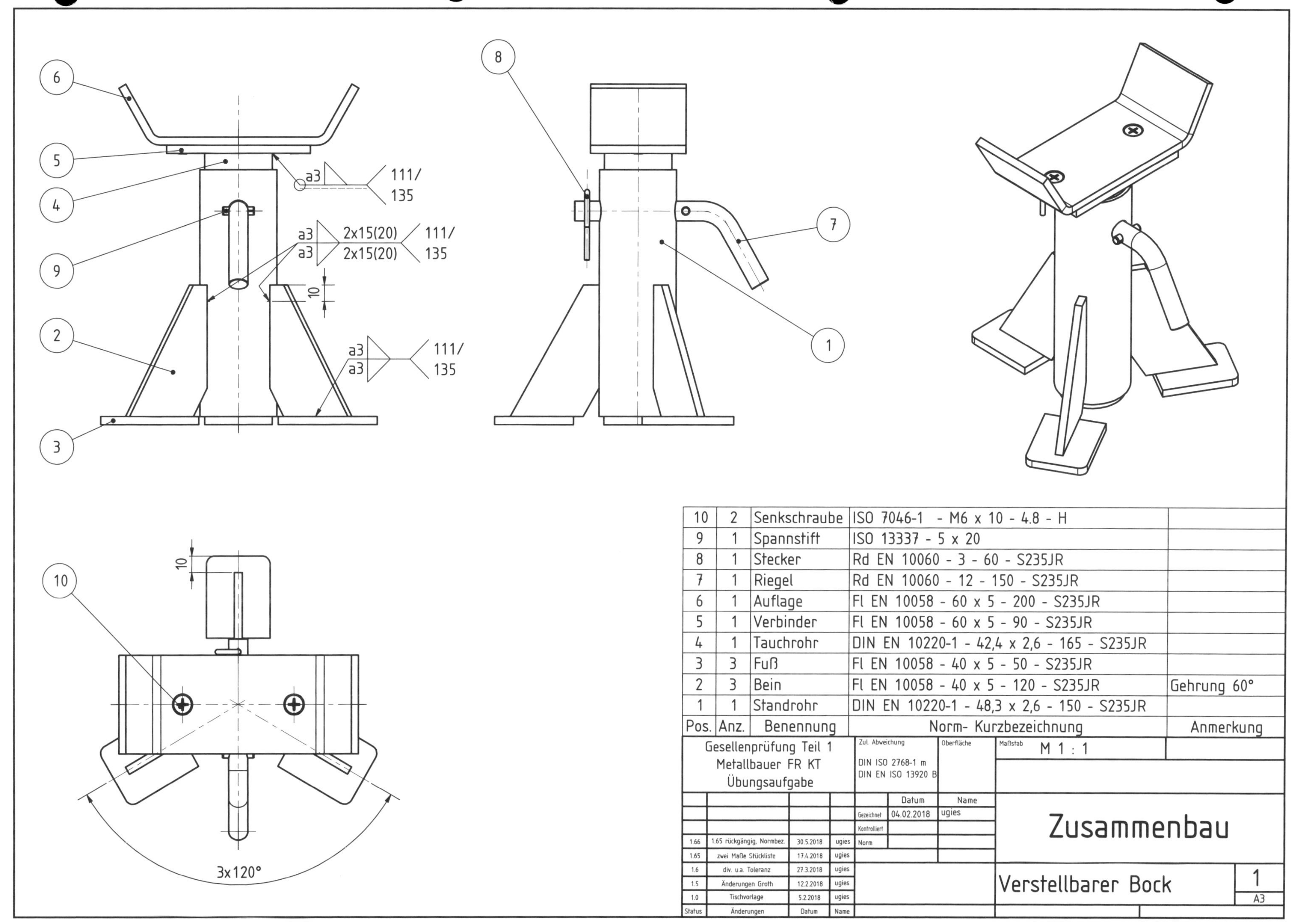

Pos.	Anz.	Benennung	Norm- Kurzbezeichnung	Anmerkung
10	2	Senkschraube	ISO 7046-1 - M6 x 10 - 4.8 - H	
9	1	Spannstift	ISO 13337 - 5 x 20	
8	1	Stecker	Rd EN 10060 - 3 - 60 - S235JR	
7	1	Riegel	Rd EN 10060 - 12 - 150 - S235JR	
6	1	Auflage	Fl EN 10058 - 60 x 5 - 200 - S235JR	
5	1	Verbinder	Fl EN 10058 - 60 x 5 - 90 - S235JR	
4	1	Tauchrohr	DIN EN 10220-1 - 42,4 x 2,6 - 165 - S235JR	
3	3	Fuß	Fl EN 10058 - 40 x 5 - 50 - S235JR	
2	3	Bein	Fl EN 10058 - 40 x 5 - 120 - S235JR	Gehrung 60°
1	1	Standrohr	DIN EN 10220-1 - 48,3 x 2,6 - 150 - S235JR	

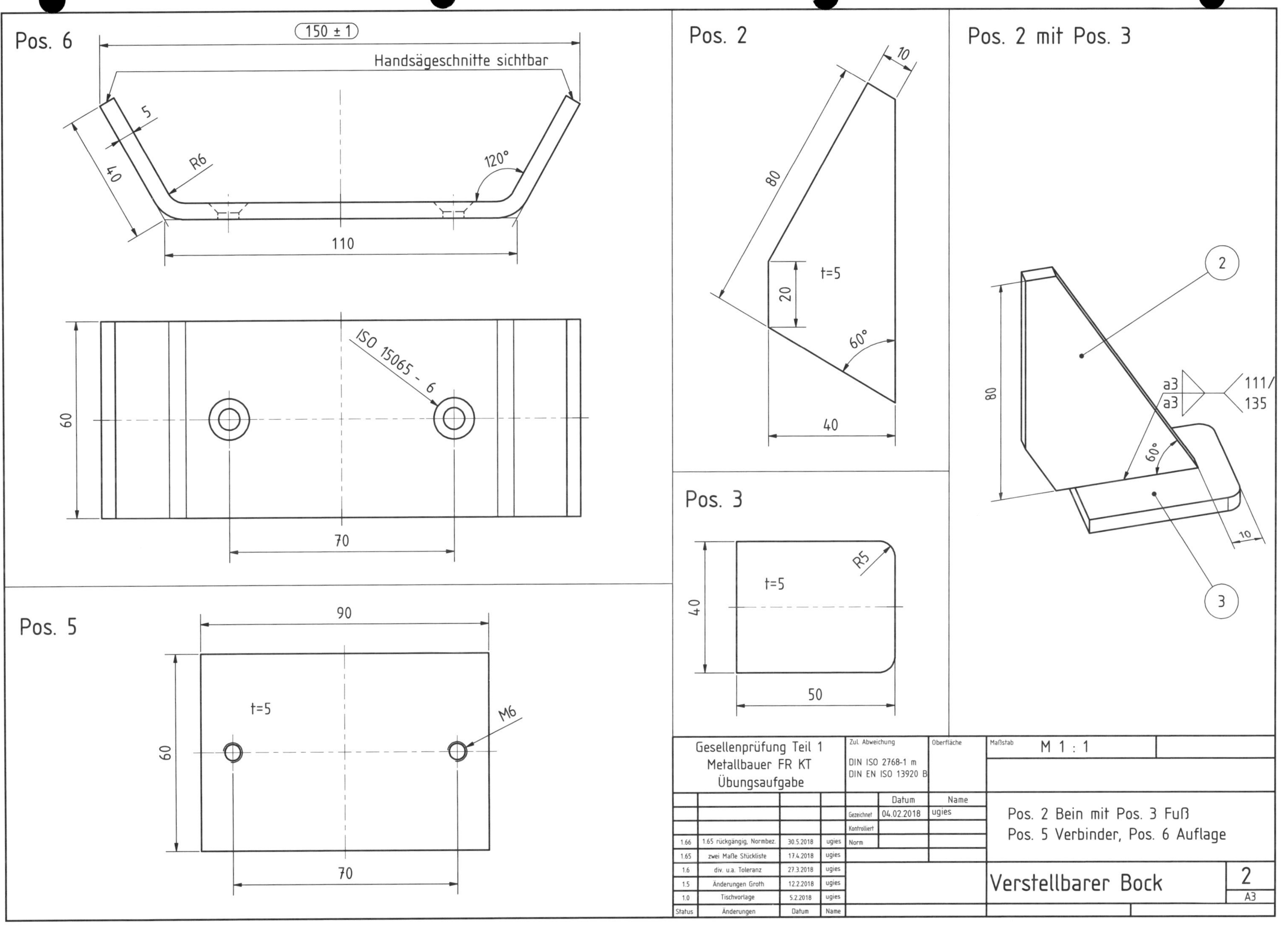
Pos. 6
150 ± 1
Handsägeschnitte sichtbar
5
40
R6
120°
110
60
ISO 15065 - 6
70
Pos. 5
90
t=5
M6
60
70
Pos. 2
10
80
t=5
20
60°
40
Pos. 3
R5
t=5
40
50
Pos. 2 mit Pos. 3
2
3
80
a3
a3
111/
135
60°
10
Gesellenprüfung Teil 1
Metallbauer FR KT
Übungsaufgabe
Zul. Abweichung
DIN ISO 2768-1 m
DIN EN ISO 13920 B
Oberfläche
Maßstab
M 1 : 1
Datum
Name
Gezeichnet
04.02.2018
ugies
Kontrolliert
Norm
1.66 1.65 rückgängig, Normbez. 30.5.2018 ugies
1.65 zwei Maße Stückliste 17.4.2018 ugies
1.6 div. u.a. Toleranz 27.3.2018 ugies
1.5 Änderungen Groth 12.2.2018 ugies
1.0 Tischvorlage 5.2.2018 ugies
Status Änderungen Datum Name
Pos. 2 Bein mit Pos. 3 Fuß
Pos. 5 Verbinder, Pos. 6 Auflage
Verstellbarer Bock
2
A3

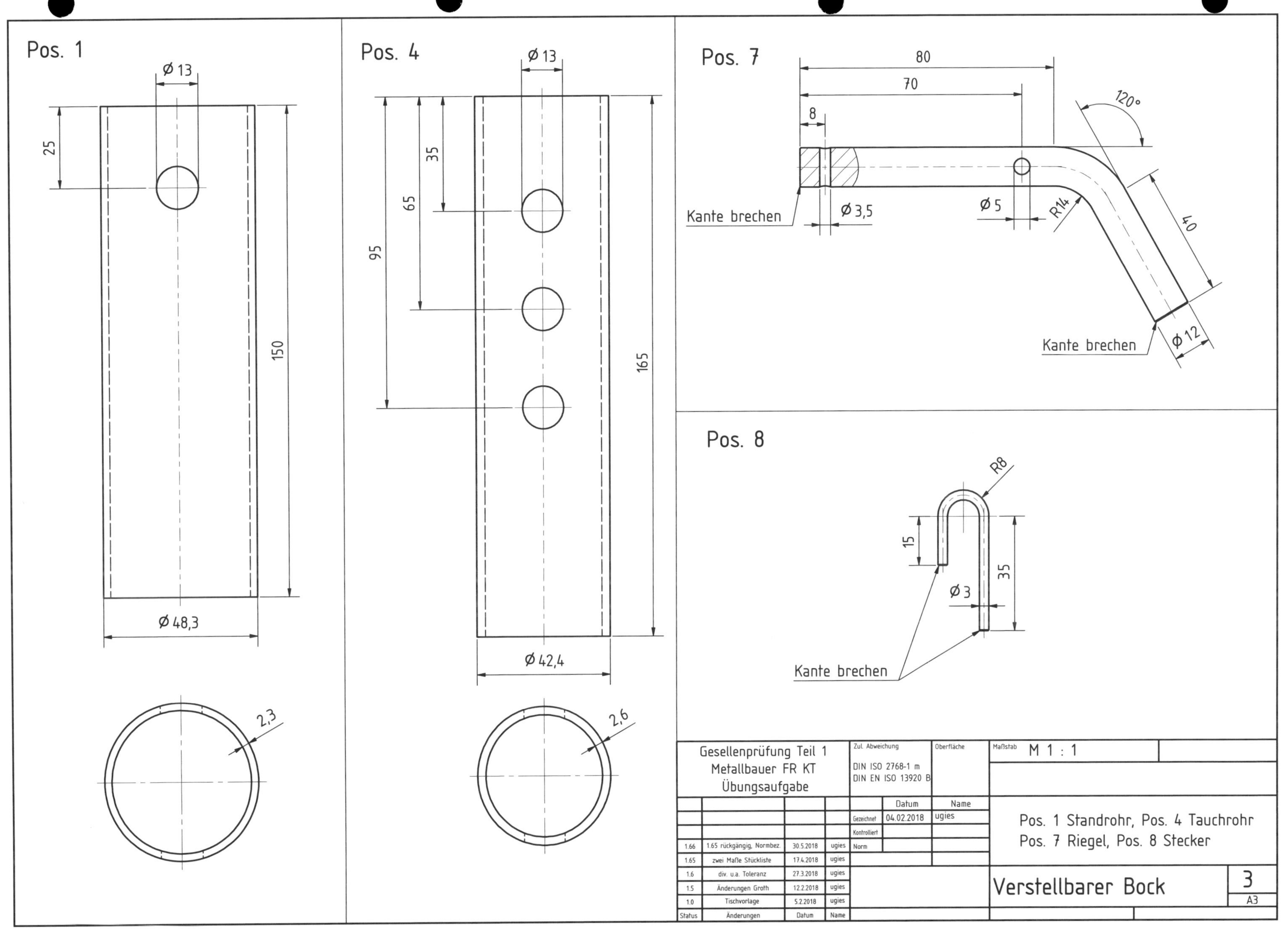

Pos. 1
Pos. 4
Pos. 7
Kante brechen
Pos. 8
Kante brechen
Gesellenprüfung Teil 1
Metallbauer FR KT
Übungsaufgabe
Zul. Abweichung
DIN ISO 2768-1 m
DIN EN ISO 13920 B
Oberfläche
Maßstab M 1 : 1
Datum
Name
Gezeichnet 04.02.2018 ugies
Kontrolliert
Norm
1.66 1.65 rückgängig, Normbez. 30.5.2018 ugies
1.65 zwei Maße Stückliste 17.4.2018 ugies
1.6 div. u.a. Toleranz 27.3.2018 ugies
1.5 Änderungen Groth 12.2.2018 ugies
1.0 Tischvorlage 5.2.2018 ugies
Status Änderungen Datum Name
Pos. 1 Standrohr, Pos. 4 Tauchrohr
Pos. 7 Riegel, Pos. 8 Stecker
Verstellbarer Bock
3
A3

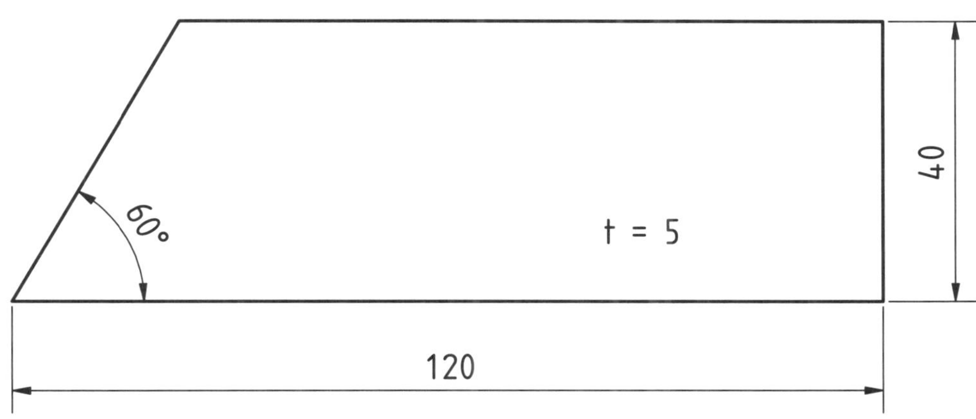

Das Rohteil für die Fertigung von Pos. 2 ist gemäß Zeichnung vorzubereiten.

Gesellenprüfung Teil 1 Metallbauer FR KT Übungsaufgabe	Zul. Abweichung ISO 2768 m	Oberfläche	Maßstab M 1 : 1 Fl EN 10058 - 40 x 5 - 130 - S235JR

	Datum	Name
Gezeichnet	12.02.2018	ugies
Kontrolliert		
Norm		

Vorarbeit
Pos. 2 Bein

Status	Änderungen	Datum	Name
1.1	Rohteil Pos. 2 angepasst	22.3.2018	ugies
1.0	Vorlage	15.2.2018	ugies

Vorarbeit — 4 — A4

	Verstellbarer Bock	
	Übungen zum Zeichnungslesen	
	Name:	Klasse:	Datum:

1. Aus wie vielen Einzelteilen besteht das Werkstück?

2. Erläutern Sie die Angaben in der Spalte Norm-Kurzbezeichnung für die Positionen 1, 2, und 7.

2.1. Pos. 1 Standrohr

DIN EN 10220-1 – 48,3 x 2,6 – 165 –S235JR

2.2. Pos. 2 Bein

Fl EN 10058 -40 x 5 – 140 – S235JR

2.3. Pos. 7 Riegel

Rd EN 10060- 12 – 150 – S235JR

3. Erläutern Sie die Angabe 4.8 bei Pos. 10.

4.8:

4. Erläutern Sie die Angabe „H" bei Pos. 10.

H:

5. Alle Halbzeuge sind aus dem Werkstoff S235JR gefertigt. Erläutern Sie die Werkstoffbezeichnung.

S235JR:

	Verstellbarer Bock		
	Übungen zum Zeichnungslesen		
	Name:	Klasse:	Datum:

6. Ordnen Sie die technologischen Eigenschaften nach DIN EN 10 025-2 des verwendeten Werkstoffes den hier verwendeten Fertigungsverfahren zu.
Begründen Sie auf diese Weise die Eignung des Werkstoffes für den vorgesehenen Zweck.

7. Finden Sie Unterbaugruppen am Werkstück.

8. Wie wird der Bock gefügt?

9. Wie hoch ist der verstellbare Bock mindestens?

10. Wie groß ist der Verstellbereich am verstellbaren Bock?

11. Erläutern Sie die drei Symbole zum stoffschlüssigen Fügen.

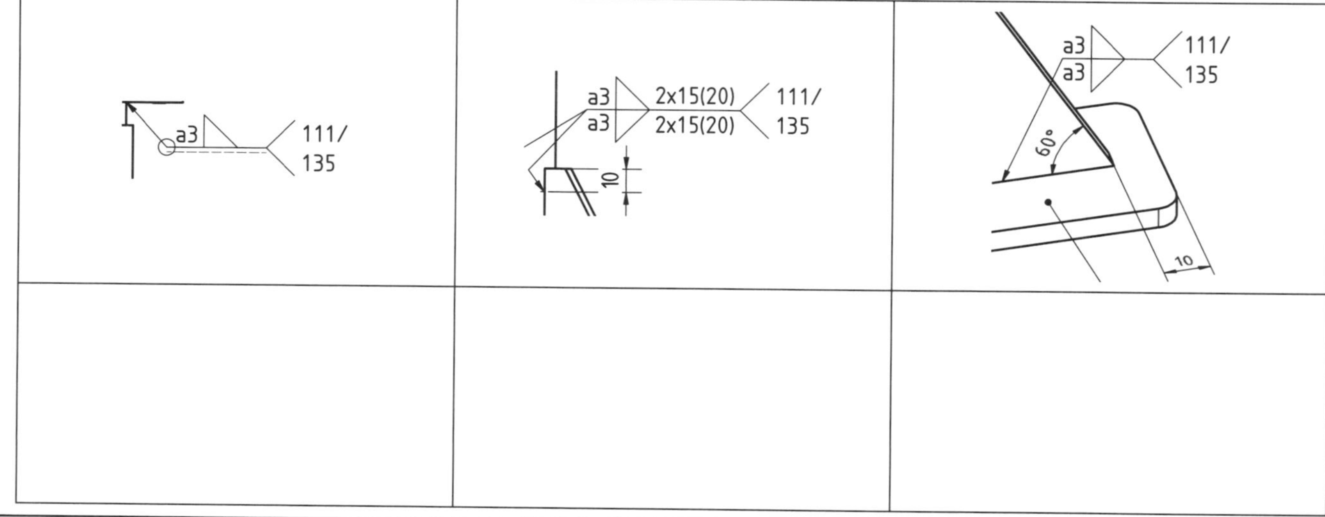

	Verstellbarer Bock	
	Übungen zum Zeichnungslesen	
	Name:	Klasse:	Datum:

12. Erstellen Sie einen Montageplan zur Herstellung der Unterbaugruppe aus Pos. 1, 2 und 3.
Im Anschluss an die Übungen zum Zeichnungslesen finden Sie ein Blanko-Formular „Arbeitsplan/Montageplan" (Seite 18) als Kopiervorlage.

____

13. Wie sorgt man für die gleichmäßige Verteilung der Pos. 2 an Pos. 1, nämlich 3 x 120°?

____

____

____

____

14. Wie kann man gleichzeitig die Lage der Querbohrung in Pos. 1 festlegen?

____

15. Schlagen Sie eine Vorrichtung zur Herstellung der oben angegebenen Unterbaugruppe vor.

____

____

16. Erstellen Sie einen Montageplan zur Herstellung der Unterbaugruppe aus Pos. 4, 5 und 6. (Formular wie oben)

____

____

____

17. Berechnen Sie die Länge des Sägeschnittes unter dem Winkel 30° an Pos. 2.

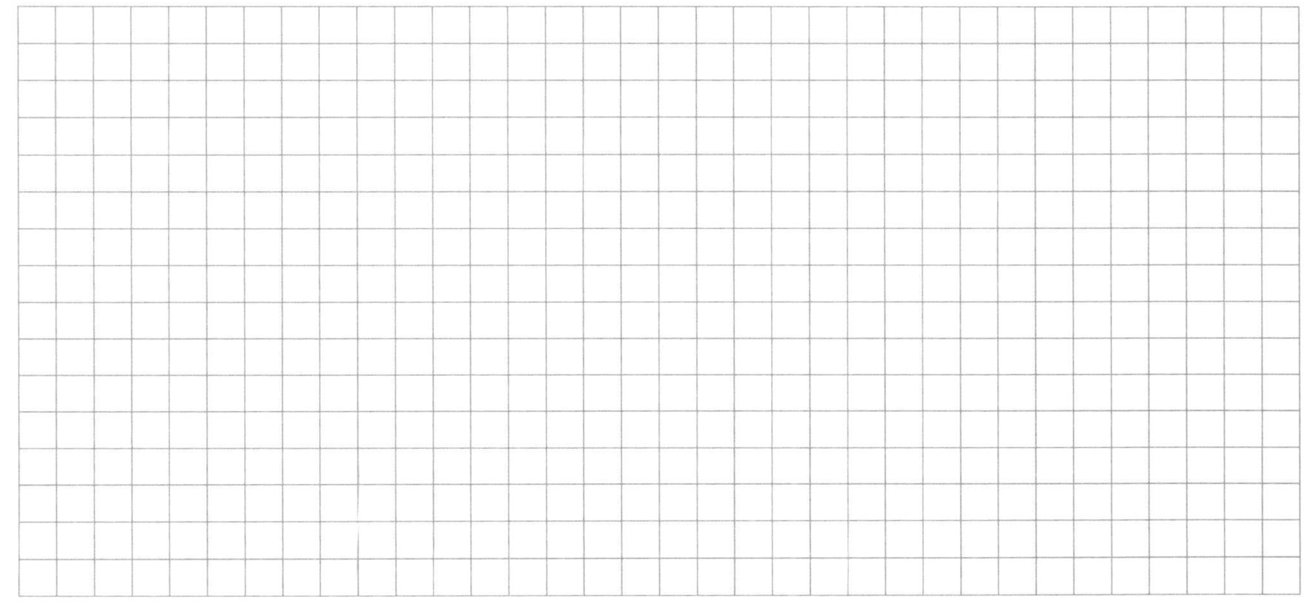

	Verstellbarer Bock		
	Übungen zum Zeichnungslesen		
	Name:	Klasse:	Datum:

18. Beschreiben Sie, wie Pos. 2 angerissen und gefertigt wird.

19. Erläutern Sie die Möglichkeiten gestreckte Längen, d. h. Rohmaße, von Umformteilen zu errechnen.

20. Ermitteln Sie die gestreckte Länge des Werkstücks. Hilfsskizze anfertigen!

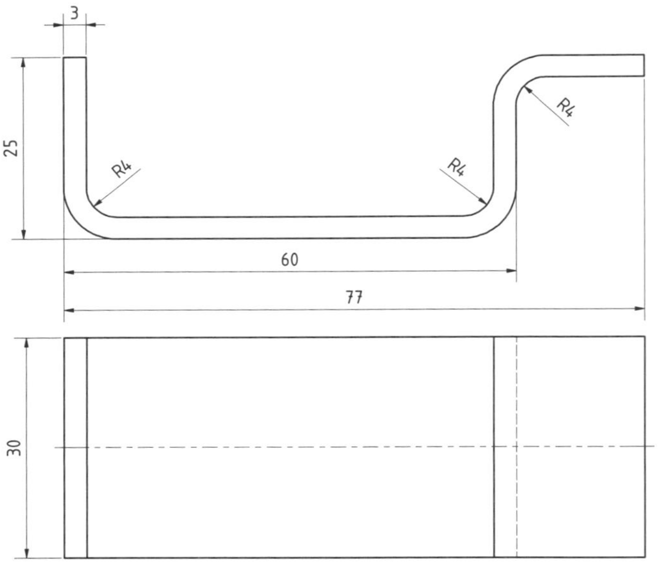

3
25
R4
R4
R4
60
77
30

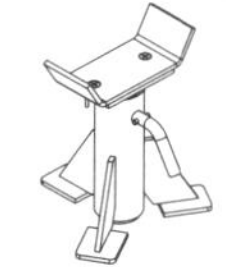

Verstellbarer Bock	
Übungen zum Zeichnungslesen	
Name:	Klasse:	Datum:

21. Zeichnen Sie die Abwicklung des Werkstücks aus Aufgabe 20 im Maßstab 1 : 1. Bemaßen Sie normgerecht.

22. Ermitteln Sie die gestreckte Länge des Werkstücks. Hilfsskizze anfertigen!

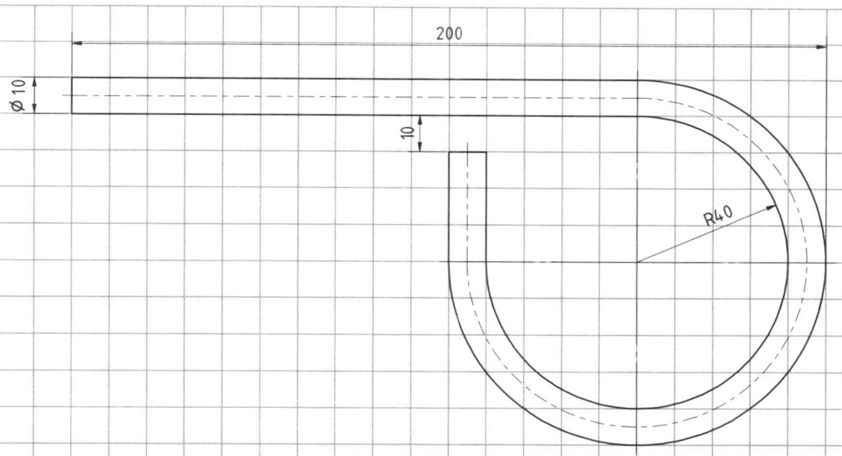

200
⌀ 10
10
R40

Name:	Klasse:	Datum:

23. An Pos. 6 Auflage finden Sie die Anmerkung „Handsägeschnitt sichtbar“.
Begründen Sie, warum es sinnvoll sein kann, die Schenkel von Pos. 6 erst am Schluss zu sägen.

24. Was verbirgt sich hinter der ISO 15065?

25. In ein Werkstück mit der Dicke 20 mm wird eine Senkung nach DIN 974-2 Reihe 1 für eine Schraube ISO 4762 M8 eingebracht. Außerdem ist eine Unterlegscheibe ISO 7090 vorgesehen. Legen Sie die Abmessungen fest und skizzieren Sie die Senkung in zwei Ansichten. Die Vorderansicht soll im Schnitt dargestellt werden. Der Maßstab soll ca. 2 : 1 sein. Bemaßen Sie die Abmessungen der Senkung.

26. Pos. 8 soll durch ein Normteil ersetzt werden. Schlagen Sie ein passendes Normteil aus dem Tabellenbuch vor. Geben Sie die normgerechte Bezeichnung an.

27. Beschreiben Sie die Aufgabe von Pos. 9 Spannstift.

	Verstellbarer Bock		
	Übungen zum Zeichnungslesen		
	Name:	Klasse:	Datum:

28. Benennen Sie Kriterien, die das fertige Stück erfüllen muss.

29. Wie groß ist die Toleranz für das Maß 10 beim Schweißen von Pos. 2 und 3? Begründen Sie Ihre Lösung.

30. Wie groß ist die Toleranz für das Maß 25 an Pos. 1 Standrohr?

Nachdem Sie Ihre Lösung mit dem Vorschlag ab Seite 36 verglichen haben und Unklarheiten beseitigt sind, bearbeiten Sie nun die Planungsaufgaben im nächsten Abschnitt. Achten Sie möglichst genau darauf, die Zeitvorgabe von 90 Minuten einzuhalten.

Verstellbarer Bock

Arbeitsplan/Montageplan

Name:	Klasse:	Datum:

Werkstück mit Pos. Nr. ____________

Nr.	Arbeitsschritt	Beschreibung / Arbeitswerte	Werkzeuge / Hilfsmittel	Begründung / Erläuterung / Kommentar / UVV

Eventuell erforderliche Berechnungen auf der Rückseite

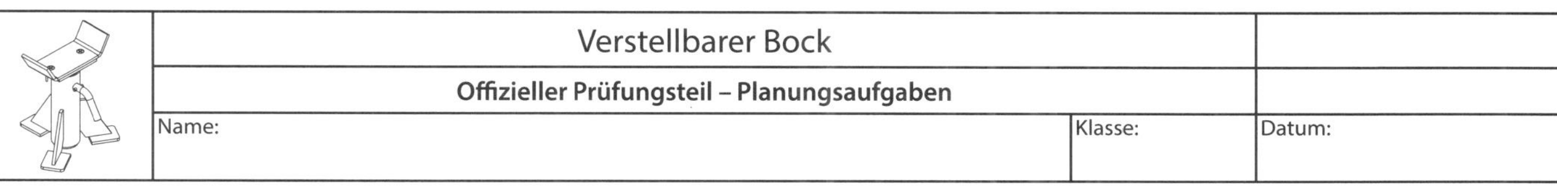

Hinweise zur Durchführung der Prüfung

Zugelassene Hilfsmittel: Tabellenbuch Metallbau , welches im Unterricht verwendet wurde

Zur Erstellung der Lösung wurde verwendet:
Moos, Wagenleiter, Wollinger,
Tabellenbuch Metallbau, Konstruktionstechnik, Feinblechbau
Hamburg 2015 (5. überarbeitete und erweiterte Auflage)
Verlag Handwerk und Technik

Bearbeitungszeit: 90 Minuten

Bepunktung: Die zu erreichenden Punkte stehen am Rand unten im Kasten neben der Aufgabe.

Gewichtung: Dieser Prüfungsteil geht mit einer Gewichtung von 25 % in den Teil 1 der Gesellenprüfung ein.

Anzahl der Blätter: 8 (von Seite 19 bis 26)

Erreichte Punkte:	%
(Name / Unterschrift: Erstkorrektor)	
(Name / Unterschrift: Zweitkorrektor)	

Die Auswertung erfolgt nach dem IHK-Schlüssel:

0 – 29 ungenügend	30 – 49 mangelhaft	50 – 66 ausreichend	67 – 80 befriedigend	81 – 91 gut	92 – 100 sehr gut

	Verstellbarer Bock	
	Offizieller Prüfungsteil – Planungsaufgaben	
Name:	Klasse:	Datum:

1. Berechnen Sie:

   1.1. … die Höhe der Auflage Pos. 6 in der Mittelachse des verstellbaren Bocks gemessen. Fertigen Sie eine Skizze an, die Ihre Überlegungen verdeutlicht. — 7 P.

   1.2. … die **maximal** erreichbare Höhe am selben Punkt. — 3 P.

2. Berechnen Sie die gestreckte Länge der Auflage Pos. 6. Gehen Sie dabei nach der Methode „Ausgleichswert" vor. Fertigen Sie zunächst eine Skizze an, die nur die für diese Aufgabe wesentlichen Maße hat. — 10 P.

Verstellbarer Bock	
Offizieller Prüfungsteil – Planungsaufgaben	

Name:	Klasse:	Datum:

3. Zeichnen Sie die Auflage Pos. 6 als Abwicklung.
Maßstab: 1 : 1
Fertigungsgerechte Bemaßung auch mit den Anrisslinien zum Biegen.

10 P.

Alternativ: Verwenden Sie einen Zeichenkarton A4 im Querformat.

	Verstellbarer Bock	
	Offizieller Prüfungsteil – Planungsaufgaben	
	Name: / Klasse:	Datum:

4. Auf dem Blatt 2 des Zeichnungssatzes ist bei Pos. 6 Auflage dieses Detail zu sehen.

ISO 15065 - 6

4.1. Worum handelt es sich dabei? ______ 2 P.

4.2. Skizzieren Sie freihändig das Werkstückdetail ca. im Maßstab 2 : 1 im Schnitt. Geben Sie für die Herstellung des Details alle wichtigen Maße an. 6 P.

5. Im Standrohr Pos. 1 und im Tauchrohr Pos. 4 sind Bohrungen anzubringen.

5.1. Begründen Sie, warum man nicht sofort mit ø13 mm bohrt. 5 P.

5.2. Bestimmen Sie für den ø13 mm die an der Maschine einzustellende Drehzahl. Verwendet wird ein HSS Bohrer. Dokumentieren Sie Ihre Berechnung bzw. Überlegung. 10 P.

6. Der Riegel Pos. 7 ist ein Biegeteil. Berechnen Sie seine gestreckte Länge mit Hilfe der neutralen Faser.

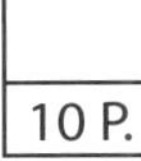

10 P.

7. Der Riegel Pos. 7 soll gefertigt werden. Geben Sie die Arbeitsschritte zur Fertigung an.

4 P.

Name: Klasse: Datum:

8. Die Beine Pos. 2 werden mit dem Standrohr Pos. 1 gefügt.
Erläutern Sie das Symbol.

10 P.

a3 2x15(20) 111/
a3 2x15(20) 135
10

9. Insgesamt werden 66 verstellbare Böcke gefertigt. Berechnen Sie die gesamte Masse in kg für alle dazu benötigten Verbinder Pos. 5 und Auflagen Pos. 6. Verwenden Sie die Längenangaben aus der Stückliste.

10 P.

10. Skizzieren Sie eine keilförmige Werkzeugschneide eines Maschinensägeblatts.
Bezeichnen und benennen Sie die Winkel an der Werkzeugschneide.

6 P.

Verstellbarer Bock

Offizieller Prüfungsteil – Planungsaufgaben

Name: | Klasse: | Datum:

11. Entschlüsseln Sie die Angaben aus der Stückliste zu Pos. 6 Auflage. 6 P.

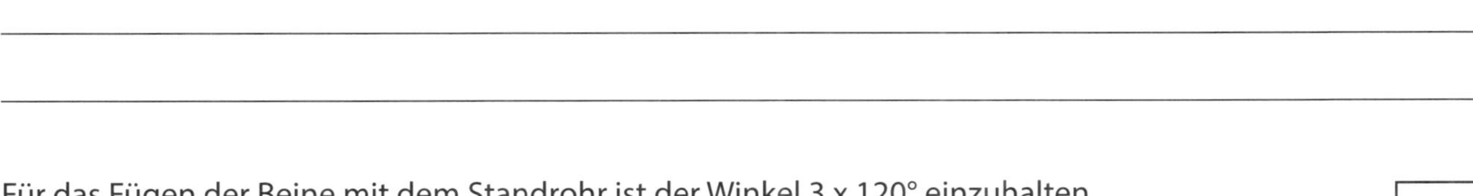

12. Begründen Sie die Eignung des für den Feststeller gewählten Werkstoffes für die unterschiedlichen Fertigungsverfahren anhand seiner technologischen Eigenschaften. 6 P.

13. Für das Fügen der Beine mit dem Standrohr ist der Winkel 3 x 120° einzuhalten. Konstruieren Sie die Teilung für die drei Beine als geometrische Grundkonstruktion mithilfe eines Zirkels. Markieren Sie darüber hinaus die Ausrichtung der Bohrungen im Standrohr zu den Beinen. 10 P.

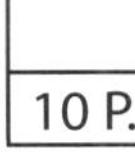

Name:	Klasse:	Datum:

14. Wie erreicht man, dass die Bohrungen im Verbinder Pos. 5 genau zu denen in der Auflage Pos. 6 passen? | 5 P.

15. Bei der Qualitätskontrolle stellt sich heraus, dass der Überstand vom Fuß Pos. 3 über das Bein Pos. 2 nur 9,1 mm beträgt.
Muss der Fuß abgetrennt und mit dem richtigen Maß erneut verschweißt werden oder genügt das Maß der Vorgabe?

15.1. Bestimmen Sie die Toleranz, begründen Sie. | 5 P.

15.2. Genügt das Istmaß der Toleranz? Begründen Sie Ihre Lösung. | 5 P.

Verstellbarer Bock		
Fertigung, Vorbereitung		
Name:	Klasse:	Datum:

Die Fertigung soll unbedingt in einem Stück und möglichst in der vorgegebenen Zeit von fünf Zeitstunden durchgeführt werden.

In der Prüfung erhalten Sie die Rohteile nach Stückliste. Für unsere Übung stellen Sie sich das Material selbst zusammen.
Das Bein Pos. 2 wird an der kurzen Seite von 40 mm mit einem Gehrungsschnitt von 60° versehen.
(vgl. Zeichnungssatz Seite 9)

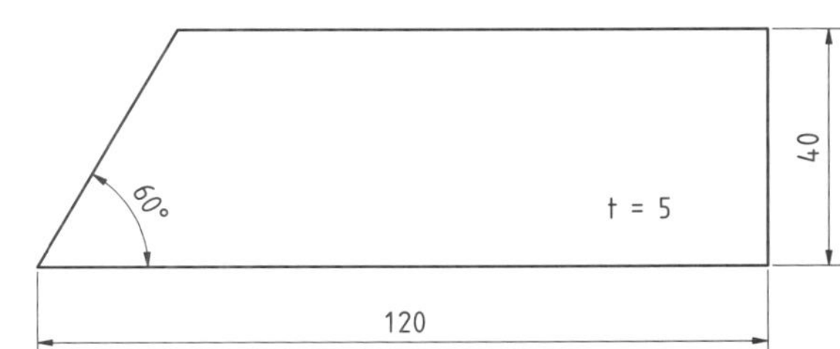

Stückliste:

Pos.	Anz.	Benennung	Norm- Kurzbezeichnung	Anmerkung
1	1	Standrohr	DIN EN 10220-1 - 48,3 x 2,6 - 150 - S235JR	
2	3	Bein	Fl EN 10058 - 40 x 5 - 120 - S235JR	60° Gehrung
3	3	Fuß	Fl EN 10058 - 40 x 5 - 50 - S235JR	
4	1	Tauchrohr	DIN EN 10220-1 - 42,4 x 2,6 - 165 - S235JR	
5	1	Verbinder	Fl EN 10058 - 90 x 5 - 60 - S235JR	
6	1	Auflage	Fl EN 10058 - 60 x 5 - 200 - S235JR	
7	1	Riegel	Rd EN 10060 - 12 - 150 - S235JR	
8	1	Stecker	Rd EN 10060 - 3 - 60 - S235JR	
9	1	Spannstift	ISO 13337 - 5 x 20	
10	2	Senkschraube	ISO 7046-1 - M6 x 10 - 4.8 - H	

Zur Arbeit steht Ihnen eine gewöhnlich vorhandene Werkstattausrüstung im Bankraum inklusive Schweißplatz zur Verfügung. Es muss eine Kantbank oder eine andere Biegevorrichtung, ein „Gressel-Bieger" beispielsweise, vorhanden sein. Ein Winkelschleifer ist nicht vorgesehen.

Schlosserhammer 500 g	Bohrer ø 4,0 - 5,0 - 6,6 oder 6,5 - 13,0
Schlosserhammer 300 g	Kegelsenker 90° für ø 6 – 9 mm
Handbügelsäge mit Ersatzblatt	Kegelsenker 90° für ø 16 mm
Flachfeilen 300 mm, Hieb 1 und Hieb 3	Gewindebohrer M 6, mit Windeisen Gr. 1
Halbrundfeile 150 oder 200 mm, Hieb 3	Schraubendreher PH2
Rundfeile 300 mm, Hieb 2	Gripzange
Messschieber 0 – 150 mm	Elektroden ø 2,5 mm, wahlweise ø 2,0 mm (ca. 15 Stck.)
Körner	Elektroden-Handschweißgerät darf mitgebracht werden
Reißnadel	Schweißausrüstung für E-Schweißen
Anschlagwinkel 200 x 130 mm	Arbeitskleidung (auch Jacke zum Schweißen)
Zentrierwinkel	Sicherheitsschuhe
Winkelmesser	alternativ: Ausrüstung für MAG-Schweißen

Direkt im Anschluss an die Fertigung führen Sie selbst die Qualitätskontrolle an Ihrem Werkstück durch. Hier kommt es darauf an, zu klären, ob Ihr Werkstück den Anforderungen entspricht. Begründen Sie Entscheidungen, ob etwas „gut", „Ausschuss" oder nachzuarbeiten ist. Machen Sie Vorschläge zur eventuellen Nacharbeit. Punkte gibt es in diesem Prüfungsteil nicht dafür, dass ein Detail „richtig" ist, sondern dafür, dass Sie das Stück richtig beurteilen, d.h. dass Sie erkennen, ob z. B. ein Maß in der Toleranz liegt oder eben nicht.
Sehen Sie sich zur Vorbereitung den Mustervorschlag auf Seite 28 an.

Das Formular „Offizieller Prüfungsteil: Qualitätskontrolle" für den verstellbaren Bock finden Sie auf Seite 29.

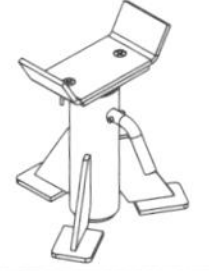

Verstellbarer Bock	
Beispiel: Qualitätskontrolle	
Name:	Klasse:	Datum:

Bewerten Sie die Qualität Ihrer Arbeit. Finden Sie zunächst die noch fehlenden Toleranzen für Teil B Maßkontrolle und tragen Sie sie ein. Prüfen Sie dann die Funktion, bewerten Sie die Maßhaltigkeit, indem Sie erreichte Maße mit den Toleranzen vergleichen.

Sofern das Stück an der Prüfstelle nicht den Anforderungen entspricht, machen Sie wenn möglich einen Vorschlag zur Nacharbeit. Wenn das nicht geht, beschreiben Sie die Ursache des Mangels. Nur wenn alles in Ordnung ist, bleibt die breite Spalte frei.

Punkte erhalten Sie, wenn Sie das Stück richtig beurteilen. Ob es richtig gefertigt wurde, interessiert in diesem Teil nicht.

A Funktions- und Sichtkontrolle					
Prüfvorgang	gut	Ausschuss	Nacharbeit	Nachbearbeitungsvorschlag bzw. Mängelursache beschreiben	Punkte (Prüfer!)
Funktion der beweglichen Teile, lässt sich die Stütze in allen Positionen feststellen?			X	In der mittleren Position fluchten die Bohrungen zwischen Pos. 1 und Pos. 4 nicht. Auffeilen mit einer Rundfeile.	10
Flucht, d. h. 90° Versatz, der Bohrungen Ø 3,5 mm und Ø 5 mm in Pos. 7		X		Beide Bohrungen sind in einer Ebene. Teil kann nur neu angefertigt werden.	10
Parallelität Pos. 2 zur Mittellinie von Pos. 1			X	Pos. 2 (1 von 3) steht nicht senkrecht. Abtrennen und unter Beachtung des rechten Winkels neu verschweißen.	10
Pos. 5 mit Pos. 6 zu Pos. 4 und Pos. 1 lagegerecht		X		Die Bohrungen in Pos. 4 sind um 45° verdreht zu Pos. 6 angeordnet. Zeichnungsgerecht wären 90° Nacharbeit nicht möglich.	10
Beurteilen Sie ihre Schweißarbeiten	X			*Prüfer:* Alle Nähte weisen große Endkrater auf und sind ungleichmäßig. Zwischen Pos. 1 und Pos. 2 wurde durchgeschweißt, was so nicht vorgesehen ist. Deshalb null Punkte!	0

B Maßkontrolle									
Pos.	Prüfvorgang	N	T	vom Prüfling gemessen	gut	Ausschuss	Nacharbeit	Prüfer	
6	Höhe der Auflage 1. Bohrung	175	±2	173	X			172	0
6	Höhe der Auflage 2. Bohrung	205	±2	nicht prüfbar			X, s. o.	nicht messbar	10
6	Höhe der Auflage 3. Bohrung	235	±2	238		X		238	10
6	Biegearbeit, Außenbreite der Auflage	150	±1	151	X			151	10
7	Lage der Bohrung Ø 5 mm	70	±0,3	69,8	X			69,8	10
Je 10 Punkte pro Prüfpunkt				gesamt Punkte von 100 =					80 %

Verstellbarer Bock		
Offizieller Prüfungsteil – Qualitätskontrolle		
Name:	Klasse:	Datum:

Bewerten Sie die Qualität Ihrer Arbeit. Finden Sie zunächst die noch fehlenden Toleranzen für Teil B Maßkontrolle und tragen Sie sie ein. Prüfen Sie dann die Funktion, bewerten Sie die Maßhaltigkeit, indem Sie erreichte Maße mit den Toleranzen vergleichen.

Sofern das Stück an der Prüfstelle nicht den Anforderungen entspricht, machen Sie wenn möglich einen Vorschlag zur Nacharbeit. Wenn das nicht geht, beschreiben Sie die Ursache des Mangels. Nur wenn alles in Ordnung ist, bleibt die breite Spalte frei.

A Funktions- und Sichtkontrolle

Prüfvorgang	gut	Ausschuss	Nacharbeit	Nachbearbeitungsvorschlag bzw. Mängelursache beschreiben	Punkte (Prüfer!)
Funktion der beweglichen Teile, lässt sich die Stütze in allen Positionen feststellen?					
Flucht, d. h. 90° Versatz, der Bohrungen Ø 3,5 mm und Ø 5 mm in Pos. 7					
Parallelität Pos. 2 zur Mittellinie von Pos. 1					
Pos. 5 mit Pos. 6 zu Pos. 4 und Pos. 1 lagegerecht					
Beurteilen Sie ihre Schweißarbeiten					

B Maßkontrolle

Pos.	Prüfvorgang	N	T	vom Prüfling gemessen	gut	Ausschuss	Nacharbeit	Prüfer	
6	Höhe der Auflage 1. Bohrung	175							
6	Höhe der Auflage 2. Bohrung	205							
6	Höhe der Auflage 3. Bohrung	235							
6	Biegearbeit, Außenbreite der Auflage	150							
7	Lage der Bohrung Ø 5 mm	70							
Je 10 Punkte pro Prüfpunkt							gesamt Punkte von 100 =		%

Verstellbarer Bock	
Auswertung und Beurteilung durch den Prüfungsausschuss	

Name:	Klasse:	Datum:

Hier finden Sie das Bewertungsformular für den Prüfungsausschuss. **Dieses Formular sehen Sie im Ablauf der Prüfung nicht.** Hier ist es aber eingefügt, um Ihnen zu zeigen, welche Kriterien an diesem Stück abgeprüft werden sollen.

Beurteilen Sie Ihr Stück zusammen mit einer Hilfsperson.

1. Montage und Funktion

Nr.	Pos.	Prüfvorgang	Punkte **0 bis 10**
01	1 – 10	zeichnungsgerecht gefertigt, montiert und entgratet, Radien gefeilt	
02	1 – 10	Funktion: Tauchrohr lässt sich in allen Positionen feststellen und leicht bewegen	
03	7	Flucht, d. h. 90° Versatz, der Bohrungen Ø 3,5 mm und Ø 5 mm	
04	2 zu 1	Parallelität zur Mittelachse (3x)	
05	5 zu 4	Tauchrohr zu Verbindungsstück lagegerecht	

2. Schweißen / Fügen

Nr.	Pos.	Prüfvorgang	Punkte **0 bis 10**
06	5 an 4	fachgerechte Ausführung der Schweißnaht	
07	2 an 1	fachgerechte Ausführung der Schweißnähte (6 Stück)	
08	3 an 2	fachgerechte Ausführung der Schweißnähte (6 Stück)	

3. Grundfertigkeiten

Nr.	Pos.	Prüfvorgang	Punkte **0 bis 10**
09	6	Ausführung der Handsägeschnitte, gerade, winklig	
10	6	Ausführung der Biegearbeit, Sichtprüfung	
11	3	Ausführung der Feilarbeit an den Radien, 6 Stück, Sichtprüfung	

4. Maßkontrolle

Nr.	Pos.	Prüfvorgang	Nennmaß	Toleranz	Istmaß	Punkte **0 bis 10**
12	2/3 zu 1	Kreisteilung	3 x 120°	± 2°		
13	1 – 10	Höhe der Auflage, untere Bohrung	175	± 2		
14	1 – 10	Höhe der Auflage, obere Bohrung	235	± 2		
15	6	Biegearbeit, Außenbreite der Auflage	150	± 1		
16	7	Lage der Bohrung Ø 5 mm	70	± 0,3		
17	2 zu 3	Überstand Fuß	10	± 1		
18	2	Höhe Bein vom Boden gemessen (3 x)	85	± 0,5		
19	6	Abstand Bohrungen	70	± 0,3		
20	7	Biegewinkel	120°	± 2°		
					Summe	
					Prozent	

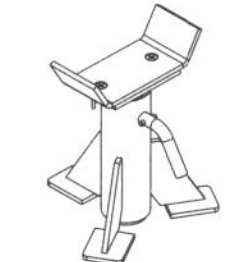

Verstellbarer Bock		
Fachgespräch, Anregungen zu Fragestellungen		
Name:	Klasse:	Datum:

Das Fachgespräch bildet den letzten Prüfungsteil. Führen Sie es mit Ihrem Ausbilder, Ihrem Gesellen oder auch mit einem anderen Auszubildenden. Alle Fragen gehen vom Werkstück aus, sie werden dann aber verallgemeinert. Sie sitzen dem Prüfungsausschuss, Vorsitzender, Gesellenvertreter, Lehrkraft, gegenüber. Ihr Werkstück steht vor Ihnen auf dem Tisch. Als Hilfsmittel steht Ihnen Ihr Tabellenbuch zur Verfügung. In unserem Ausschuss hat sich diese Vorgehensweise bewährt.
Es gibt aber auch die Möglichkeit, dass sie schon während Sie das Stück fertigen, dem Ausschuss Rede und Antwort stehen, das wäre dann ein situatives Fachgespräch.

Wenn Sie das Fachgespräch mit einer Hilfsperson üben, soll die sich an sie sich an die folgenden Fragevorschläge halten. Zu den verschiedenen Themenbereichen geben wir Ihnen immer ein konkretes Fragebeispiel. In den Unterpunkten finden Sie Anregungen für andere und weitere Fragen.

Das Fachgespräch wird vom Ausschuss protokolliert. Dazu dient das Formular auf der übernächsten Seite.

- Nicht lösbare Verbindungen – Schweißverfahren
  Beispiel: Welche Nähte sind besonders gut gelungen? Welche Einstellungen mussten Sie treffen?
  - Schweißsymbole in den Einzelteilzeichnungen
  - Bewertung der Verfahren 111 / 135 (Anwendung, Ausrüstung, Stromquellen, Zusatzwerkstoff, schweißbare Werkstoffe, Blaswirkung und Gegenmaßnahmen)
  - UVV (persönliche Schutzmaßnahmen, Arbeitsplatz und Absaugung)

- Lösbare Verbindungen, Schrauben, Spannstift
  Beispiel: Die Senkschrauben Pos. 10 sind mit Kreuzschlitzantrieb gewählt. Welche Vor- und Nachteile hat das? Begründen Sie die Auswahl. Ziehen Sie Vergleiche zu anderen Antrieben, die Sie kennen.
  - Auswahl nach Anwendung, Normung
  - Vor- und Nachteile gegenüber nicht lösbaren Verbindungen
  - Schraubensicherung

- Gewindebohren
  Beispiel: Sie haben hier Normalgewinde gebohrt. Wie erkennt man ein Gewinde als Normalgewinde, wenn man es nicht selbst gefertigt hat?
  - Gewindesteigung
  - Gewindebezeichnungen Gewindearten
  - Vorbohren, Bohrdurchmesser

- Sägen
  Beispiel: Bei der Herstellung der Einzelteile ist viel Sägearbeit zu leisten. Wie findet man das am besten geeignete Sägeblatt?
  - Anwendung von Kenntnissen über Winkel am Keil
  - Anwendung Zahnteilung
  - Freischnitt
  - Handsäge – Maschinensäge

	Verstellbarer Bock		
	Fachgespräch, Anregungen zu Fragestellungen		
	Name:	Klasse:	Datum:

- Feilen

  Beispiel: Wie haben Sie die 6 zu feilenden Radien gleichmäßig hergestellt?

  - Ausführung der Feilarbeit beschreiben (Fläche, Radius)
  - Spannen des Werkstücks

- Bohren

  Beispiel: Beschreiben Sie in groben Zügen, wie Sie die Bohrungen im Standrohr hergestellt haben.

  - Vorbohren
  - Bohrertypen
  - Winkel am Bohrer, spezielle Anschliffe für spezielle Anforderungen
  - Drehfrequenz in der Werkstatt ermitteln
  - Kühl-Schmierstoffe

- Biegen

  Beispiel: Die Auflage Pos. 6 ist ein Biegeteil. Wie erkennt man die Walzrichtung? Wie sieht das bei Blechen aus?

  - Vorteile und Nachteile des Biegens
  - Lage der neutralen Faser
  - Risse, Walzrichtung

- Zusammenbau / Montage

  Beispiel: Wie haben Sie die Teilung 3 x 120° bei der Verbindung Standrohr Pos. 1 – Bein Pos. 2 erreicht?

  - Montagevorgänge beschreiben
  - Montagereihenfolge angeben
  - Hilfsmittel und Werkzeuge nennen

- Arbeitsplanung

  Beispiel: Wenn Sie zurückblicken: Hat sich Ihre Planung bewährt? Was würden Sie beim nächsten Mal anders machen?

  - Planung erläutern
  - Eigene Werkzeuge und Vorrichtungen
  - Werkstattausrüstung

- Funktionsbeschreibung, Bewertung

  Beispiel: Wozu wird das Werkstück dienen? Wird Ihr Exemplar dem gerecht werden?

  - Einschätzen des Gesamteindruckes
  - Funktion, d. h. hier Verstellbarkeit
  - Anpassen an andere Anforderungen, z. B. Erhöhen des Verstellbereichs

Verstellbarer Bock	
Beispiel: Auswertung eines Fachgesprächs durch den Ausschuss	

Name:	Klasse:	Datum:

Das Fachgespräch soll möglichst drei der Themenbereiche unten beinhalten. Anregungen zu Inhalten gibt es auf den nächsten Seiten. Das Protokoll unten dient zur Dokumentation. Die Reihenfolge der Punkte ist willkürlich.

Fragen zu den Themenbereichen		**Geprüfte Inhalte**	erreichte Punkte
1	Planen, Arbeitsvorbereitung		
2	Manuelle Bearbeitung	*sägen, Auswahl Sägeblatt, Winkel am Keil*	100
3	Maschinelle Bearbeitung		
4	Schweißen		
5	Weitere Fügetechniken		
6	Montieren		
7	Prüfen und messen	*Messschieber, Toleranzen*	70
8	Funktions- und Sichtkontrolle		
9	Unfallverhütung	*Arbeitssicherheit beim Schweißen*	40
10	Arbeiten am Arbeitsplatz, Ordnung		
		Summe:	210
	Ergebnis: Summe geteilt durch die Anzahl der Einzelbewertungen ergibt		70

0–29	30–49	50–66	67–80	81–91	92–100
ungenügend	mangelhaft	ausreichend	befriedigend	gut	sehr gut

Verstellbarer Bock	
Formular Auswertung eines Fachgesprächs	

Name:	Klasse:	Datum:

Das Fachgespräch soll möglichst drei der Themenbereiche unten beinhalten. Anregungen zu Inhalten gibt es auf den nächsten Seiten. Das Protokoll unten dient zur Dokumentation. Die Reihenfolge der Punkte ist willkürlich.

Fragen zu den Themenbereichen		**Geprüfte Inhalte**	erreichte Punkte
1	Planen, Arbeitsvorbereitung		
2	Manuelle Bearbeitung		
3	Maschinelle Bearbeitung		
4	Schweißen		
5	Weitere Fügetechniken		
6	Montieren		
7	Prüfen und messen		
8	Funktions- und Sichtkontrolle		
9	Unfallverhütung		
10	Arbeiten am Arbeitsplatz, Ordnung		
		Summe:	
	Ergebnis: Summe geteilt durch die Anzahl der Einzelbewertungen ergibt		

0–29	30–49	50–66	67–80	81–91	92–100
ungenügend	mangelhaft	ausreichend	befriedigend	gut	sehr gut

Verstellbarer Bock	
Abschlussbewertung mit Beispiel	
Name:	Klasse:	Datum:

Nachdem Sie nun alle Prüfungsteile hinter sich gebracht haben, können Sie sich eine Note geben, wenn Sie das wünschen.

Prüfungsteil:		Richtwerte für:		Gewichtung nach VO
		Zeit	Gewichtung	
Arbeitsaufgabe	Planungsaufgaben (Theorieanteil)	90 min	25 %	85 %
	Fertigung	300 min	55 %	
	Qualitätskontrolle durch den Prüfling (Prüfprotokoll)	15 min	5 %	
Fachgespräch	Bezogen auf die Arbeitsaufgabe	15 min	15 %	15 %

Beispiel:

Prüfungsteil	erreicht	Gewichtung	Punkte
Planungsaufgaben	66 %	25%	16,5
Fertigung	85 %	55%	46,8
Qualitätskontrolle	100 %	5%	5,0
Fachgespräch	50 %	15%	7,5
			75,8

Dieser Kandidat hätte ein befriedigendes Ergebnis erreicht.
Für den zweiten Teil der Gesellenprüfung nimmt er 30 % dieser Punkte mit. Das wären dann also 22,74 %.

Tragen Sie nun unten Ihre Ergebnisse ein.

Prüfungsteil	erreicht	Gewichtung	Punkte
Planungsaufgaben		25%	
Fertigung		55%	
Qualitätskontrolle		5%	
Fachgespräch		15%	

	Lösungsvorschlag: Verstellbarer Bock	
	Übungen zum Zeichnungslesen	
	Name:	Klasse:	Datum:

1. Aus wie vielen Einzelteilen besteht das Werkstück?

Man zählt die Mengenangaben in der Spalte Anzahl zusammen, also sind das 15 Einzelteile.

2. Erläutern Sie die Angaben in der Spalte Norm-Kurzbezeichnung für die Positionen 1, 2, und 7.

2.1. Pos. 1 Standrohr

Nahtloses Stahlrohr, geschweißt – Außendurchmesser 48,3 mm – Wandstärke 2,6 mm – Länge 165 mm

DIN EN 10220-1 – 48,3 x 2,6 – 165 –S235JR

Werkstoff: allgemeiner Baustahl, (Stahlbaustahl) R_e = 235 N/mm²

2.2. Pos. 2 Bein

Warmgewalzter Flachstahl – 40 mm breit – 5 mm dick – 140 mm lang

Fl EN 10058 -40 x 5 – 140 – S235JR

Werkstoff: allgemeiner Baustahl, (Stahlbaustahl) R_e = 235 N/mm²

2.3. Pos. 7 Riegel

Warmgewalzter Rundstahl – ø12 mm, Länge 150 mm

Rd EN 10060- 12 – 150 – S235JR

Werkstoff: Stahl für den Stahlbau, Mindeststreckgrenze R_e 235 N/mm², Kerbschlagarbeit 27 J bei Raumtemperatur

3. Erläutern Sie die Angabe 4.8 bei Pos. 10.

4.8: Festigkeitsangabe für die Schraube:

Zugfestigkeit R_m = 4 x 100 = 400 N/mm²

Streckgrenze R_e = 4 x 100 x 0,8 = 320 N/mm²

4. Erläutern Sie die Angabe „H" bei Pos. 10.

H: Kopfform: hier Kreuzschlitz nach Philippsnorm (manchmal auch PH)

5. Alle Halbzeuge sind aus dem Werkstoff S235JR gefertigt. Erläutern Sie die Werkstoffbezeichnung.

S235JR: unter 2. schon erläutert.

Werkstoff: allgemeiner Baustahl, (Stahlbaustahl) R_e = 235 N/mm², Kerbschlagzähigkeit 27 J bei Raumtemperatur

Lösungsvorschlag: Verstellbarer Bock	
Übungen zum Zeichnungslesen	
Name:	Klasse:	Datum:

6. Ordnen Sie die technologischen Eigenschaften nach DIN EN 10 025-2 des verwendeten Werkstoffes den hier verwendeten Fertigungsverfahren zu.
Begründen Sie auf diese Weise die Eignung des Werkstoffes für den vorgesehenen Zweck.

S235JR ist gut zerspanbar. Es muss gesägt werden, Gewinde gebohrt werden, gefeilt werden.

S235JR ist gut schweißbar. Es sind nennenswerte Mengen an Schweißnähten zu erstellen.

S 235JR ist gut umformbar. Die Auflage und der Riegel sind Biegeteile.

7. Finden Sie Unterbaugruppen am Werkstück.

Es können voneinander isoliert gefertigt werden:

a) Pos. 1 mit Pos. 2 und Pos. 3

b) Pos. 4 mit Pos. 5 und Pos. 6 (eventuell kann noch Pos. 7 als einzeln genannt werden, ist aber keine Gruppe)

8. Wie wird der Bock gefügt?

Schweißen, stoffschlüssig, z. B. Pos. 2 an 1 uns Pos. 3 an 2

Schrauben, kraftschlüssig, Pos. 6 an Pos. 5 mit Pos. 10

Zusammenstecken, formschlüssig, z. B. Pos. 4 in Pos. 1

9. Wie hoch ist der verstellbare Bock mindestens?

Das Tauchrohr steht auf dem Boden, dazu kommen der Verbinder und die Dicke der Auflage.

165 mm + 5 mm + 5 mm = 175 mm

10. Wie groß ist der Verstellbereich am verstellbaren Bock?

Der Abstand der beiden unteren Bohrungen im Tauchrohr beträgt jeweils 30 mm. Man kann die Auflage also auf 175 mm + 30 mm + 30 mm = 235 mm erhöhen

11. Erläutern Sie die drei Symbole zum stoffschlüssigen Fügen.

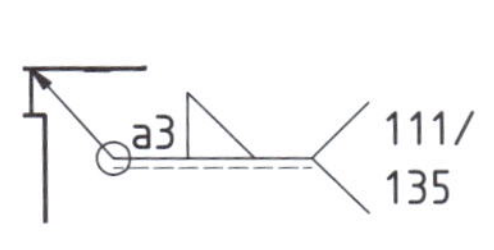	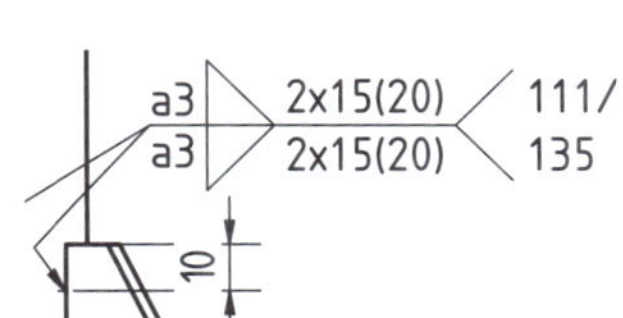	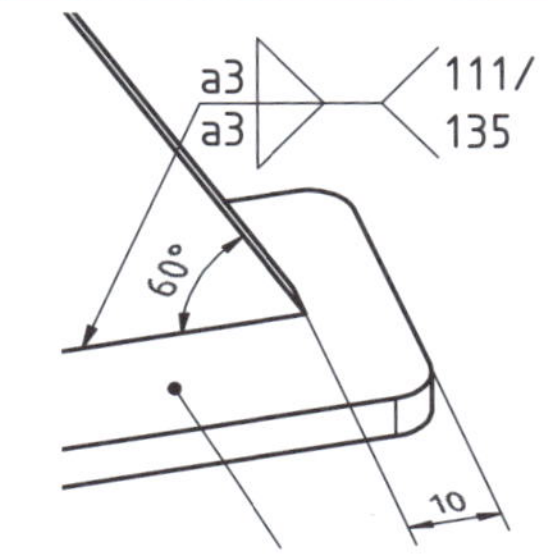
Kehlnaht mit Nahtdicke 3 mm von Pfeilseite ringsum wahlweise Lichtbogenhandschweißen (111) oder Metall-Aktivgas-Schweißen (135)	Kehlnaht mit Nahtdicke 3 mm von Pfeilseite und Gegenseite gleich 2 Nähte je 15 mm, dazwischen 20 mm frei lassen. Naht beginnt nach Vormaß 10 mm wahlweise 111 oder 135	Kehlnaht mit Nahtdicke 3 mm von Pfeilseite und Gegenseite gleich. An Abstandsmaß 10 mm denken. Wegen der Symmetrielinien gilt für alle Nähte, dass sie sinngemäß auch an nicht ausdrücklich gekennzeichneten Stellen anzuwenden sind.

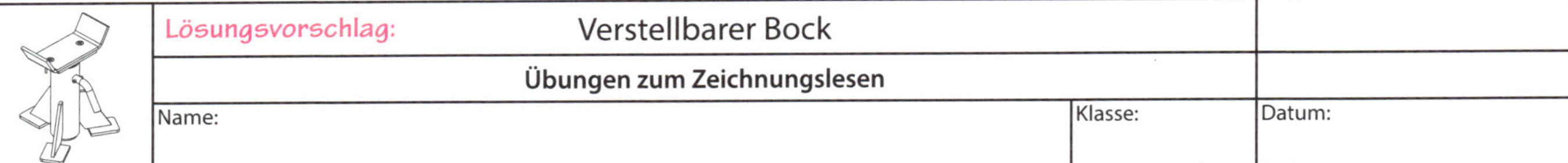

12. Erstellen Sie einen Montageplan zur Herstellung der Unterbaugruppe aus Pos. 1, 2 und 3.
Im Anschluss an die Übungen zum Zeichnungslesen finden Sie ein Blanko-Formular „Arbeitsplan/Montageplan" (Seite 14) als Kopiervorlage.

Lösungsvorschlag in der Anlage, auf dem Formular Arbeitsplan / Montageplan

13. Wie sorgt man für die gleichmäßige Verteilung der Pos. 2 an Pos. 1, nämlich 3 x 120°?

Anriss auf einem Blech erstellen. Mit einem Zirkel einen Kreis schlagen. Den Kreisumfang mithilfe des Radius in 6 gleiche Teile einteilen. Strahlen vom Mittelpunkt zu den benötigten Teilungspunkten ziehen. Gebohrtes Standrohr mithilfe eines Kreises ø48,3 mm ausrichten, Beine heften, nach richten, verschweißen nach Vorgabe

14. Wie kann man gleichzeitig die Lage der Querbohrung in Pos. 1 festlegen?

Siehe oben bei 13. Die Querbohrung muss genau oberhalb eines Fußes liegen.

15. Schlagen Sie eine Vorrichtung zur Herstellung der oben angegebenen Unterbaugruppe vor.

Blech gemäß Aufgabe 13 herstellen. Mittig ein 10 mm Reststück des Tauchrohres aufschweißen. Naht innen!

16. Erstellen Sie einen Montageplan zur Herstellung der Unterbaugruppe aus Pos. 4, 5 und 6. (Formular wie oben)

Lösungsvorschlag in der Anlage, Formular Arbeitsplan, wichtig ist gemeinsames Bohren von Pos. 5 und 6. Man bohrt zunächst mit ø5 mm wegen des Gewindes in Pos. 5, erst anschließend wird Pos. 6 aufgebohrt und gesenkt.

17. Berechnen Sie die Länge des Sägeschnittes unter dem Winkel 30° an Pos. 2.

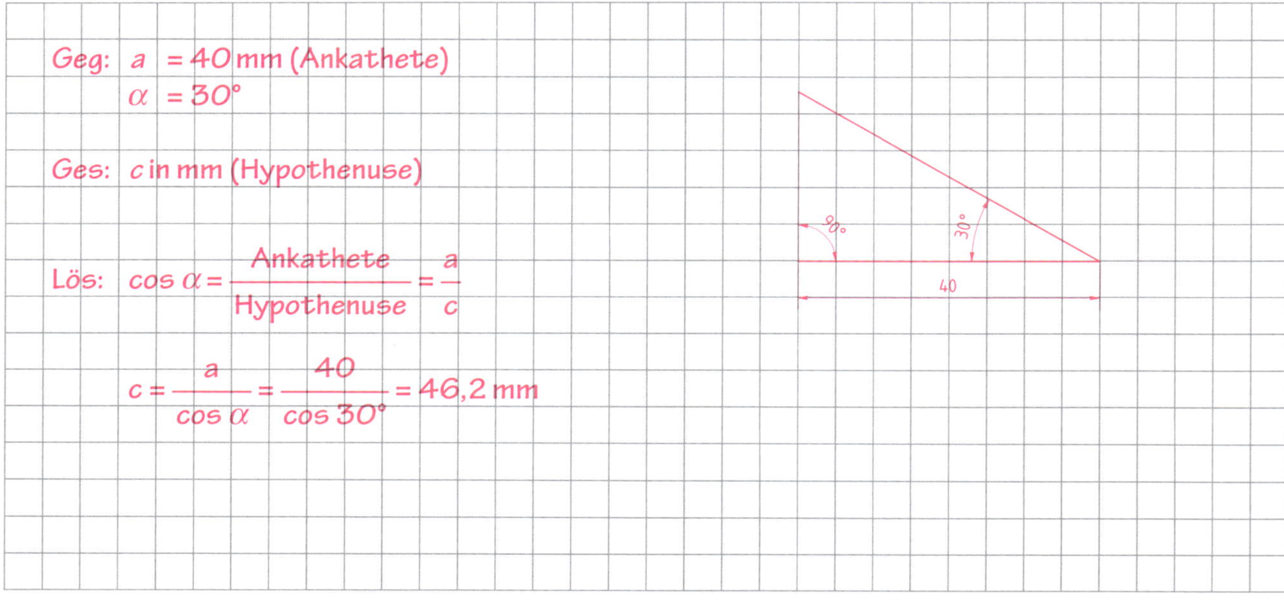

Lösungsvorschlag: Verstellbarer Bock	
Übungen zum Zeichnungslesen	
Name:	Klasse:	Datum:

18. Beschreiben Sie, wie Pos. 2 angerissen und gefertigt wird.

Winkel 30° über die schmale Seite anreißen. Um einfacher sägen zu können, etwas vom Rand entfernt.

Sägen der Kante, eventuell mit der Feile nacharbeiten. (Dieses Teil kann soweit auch schon vorbereitet sein!)

Werkstück auf die gesägte Kante stellen, mit dem Höhenreißer das Maß 80 anreißen.

Maße 20 und 10 anreißen. Die Schnittpunkte verbinden.

Den Anriss aussägen.

Entgraten

Prüfen

19. Erläutern Sie die Möglichkeiten gestreckte Längen, d. h. Rohmaße, von Umformteilen zu errechnen.

Es gibt 3 grundsätzliche Möglichkeiten:

Mit Ausgleichswert v	Mit neutraler Faser	Werkstatt-Faustregel
$L = l_1 + l_2 + \ldots + l_n - n \cdot v$ l: Längen der Schenkel n: Anzahl der Biegestellen v: Ausgleichswert aus Tabellenbuch gut geeignet für: Bleche bei engen Radien	Die neutrale Faser in der Biegemitte wird weder verkürzt noch verlängert, Einzellängen $l_1 \ldots$ bestimmen und addieren $L = l_1 + l_2 + \ldots + l_n$ gut geeignet für: Größere Biegeradien	pro Biegestelle einfach die doppelte Blechstärke abziehen. oft hinreichend genau für: Abkanten dünner Werkstücke

20. Ermitteln Sie die gestreckte Länge des Werkstücks. Hilfsskizze anfertigen!

Geg.: $l_1 = 25$ mm
$l_2 = 60$ mm
$l_3 = 25$ mm
$l_4 = 20$ mm
$s = 3$ mm
$r = 4$ mm
$v = 6{,}04$ mm, gerundet 6 mm
$n = 3$

Ges.: L in mm

Lös.: $L = l_1 + l_2 + l_3 + l_4 - n \cdot v$

$L = 25 + 60 + 25 + 20 - 3 \cdot 6$ mm
$L = 112$ mm

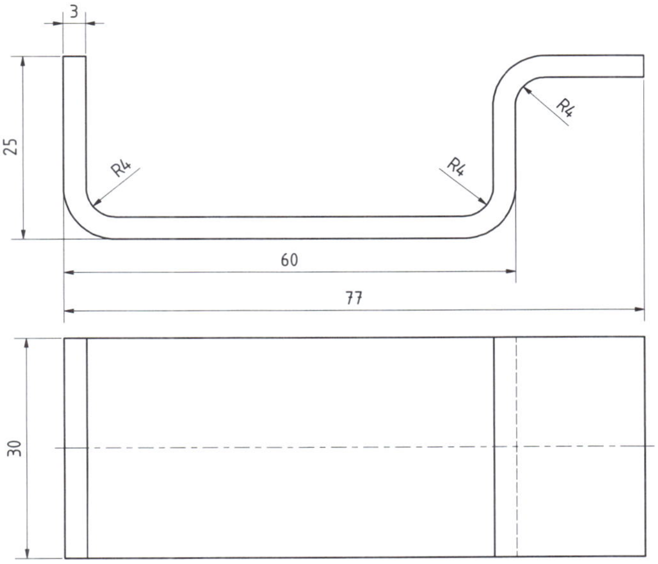

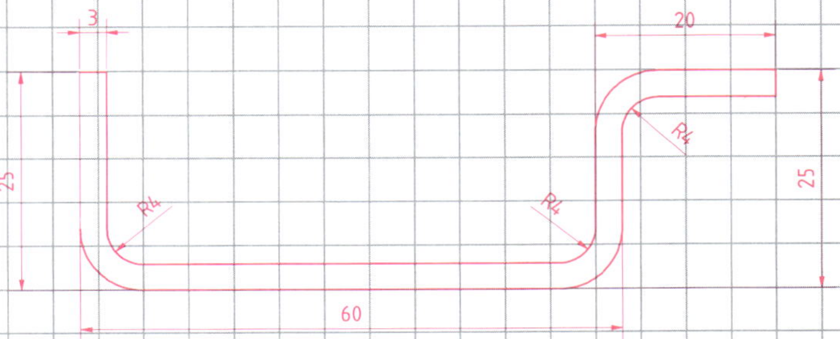

Lösungsvorschlag: Verstellbarer Bock	
Übungen zum Zeichnungslesen	
Name:	Klasse:	Datum:

21. Zeichnen Sie die Abwicklung des Werkstücks aus Aufgabe 20 im Maßstab 1 : 1. Bemaßen Sie normgerecht.

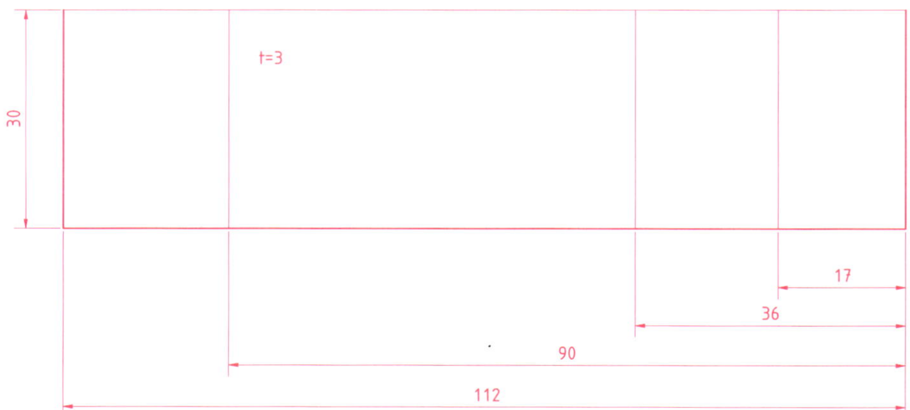

22. Ermitteln Sie die gestreckte Länge des Werkstücks. Hilfsskizze anfertigen!

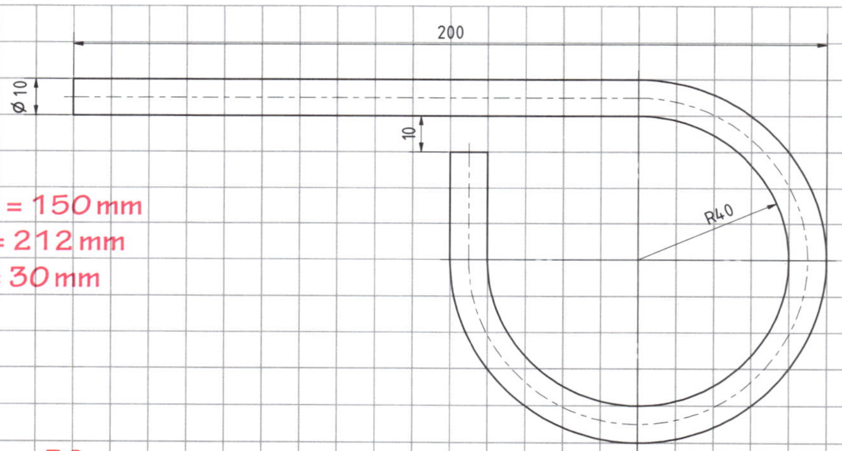

Geg.: $l_1 = 200\,mm - 50\,mm = 150\,mm$

$l_2 = 0{,}75 \cdot \pi \cdot 90\,mm = 212\,mm$

$l_3 = 40\,mm - 10\,mm = 30\,mm$

Ges.: L in mm

Lös.: $L = l_1 + l_2 + l_3$

$L = 150\,mm + 212\,mm + 30\,mm$

$L = 392\,mm$

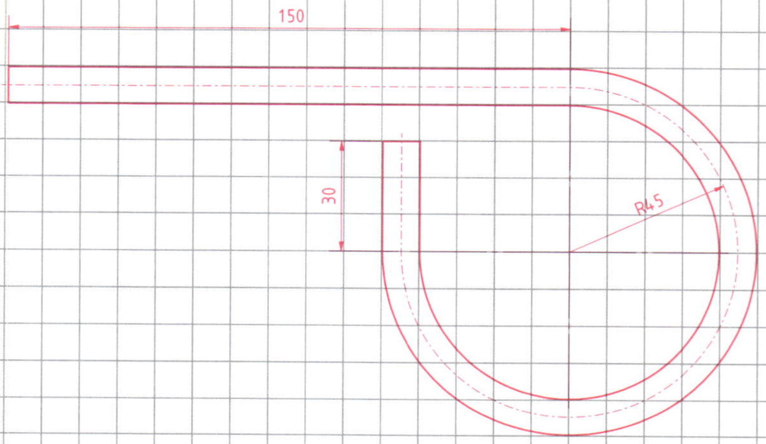

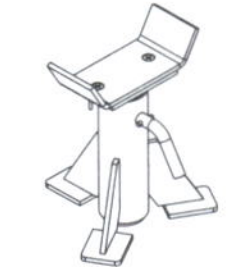

Lösungsvorschlag: Verstellbarer Bock	
Übungen zum Zeichnungslesen	
Name:	Klasse:	Datum:

23. An Pos. 6 Auflage finden Sie die Anmerkung „Handsägeschnitt sichtbar".
Begründen Sie, warum es sinnvoll sein kann, die Schenkel von Pos. 6 erst am Schluss zu sägen.

Man beginnt beim Biegen zunächst mit dem Mittelteil und biegt dann die beiden Laschen hoch.

Es ist genauer, die endgültigen Maße für die Laschen erst am Schluss herzustellen.

24. Was verbirgt sich hinter der ISO 15065?

In der Norm ist die Ausführung und Größe von Senkungen für Senkschrauben festgelegt (Oft muss man, wenn eine ISO im Register nicht genannt ist, DIN oder DIN EN ergänzen um die Norm zu finden).

25. In ein Werkstück mit der Dicke 20 mm wird eine Senkung nach DIN 974-2 Reihe 1 für eine Schraube ISO 4762 M8 eingebracht. Außerdem ist eine Unterlegscheibe ISO 7090 vorgesehen. Legen Sie die Abmessungen fest und skizzieren Sie die Senkung in zwei Ansichten. Die Vorderansicht soll im Schnitt dargestellt werden. Der Maßstab soll ca. 2 : 1 sein. Bemaßen Sie die Abmessungen der Senkung.

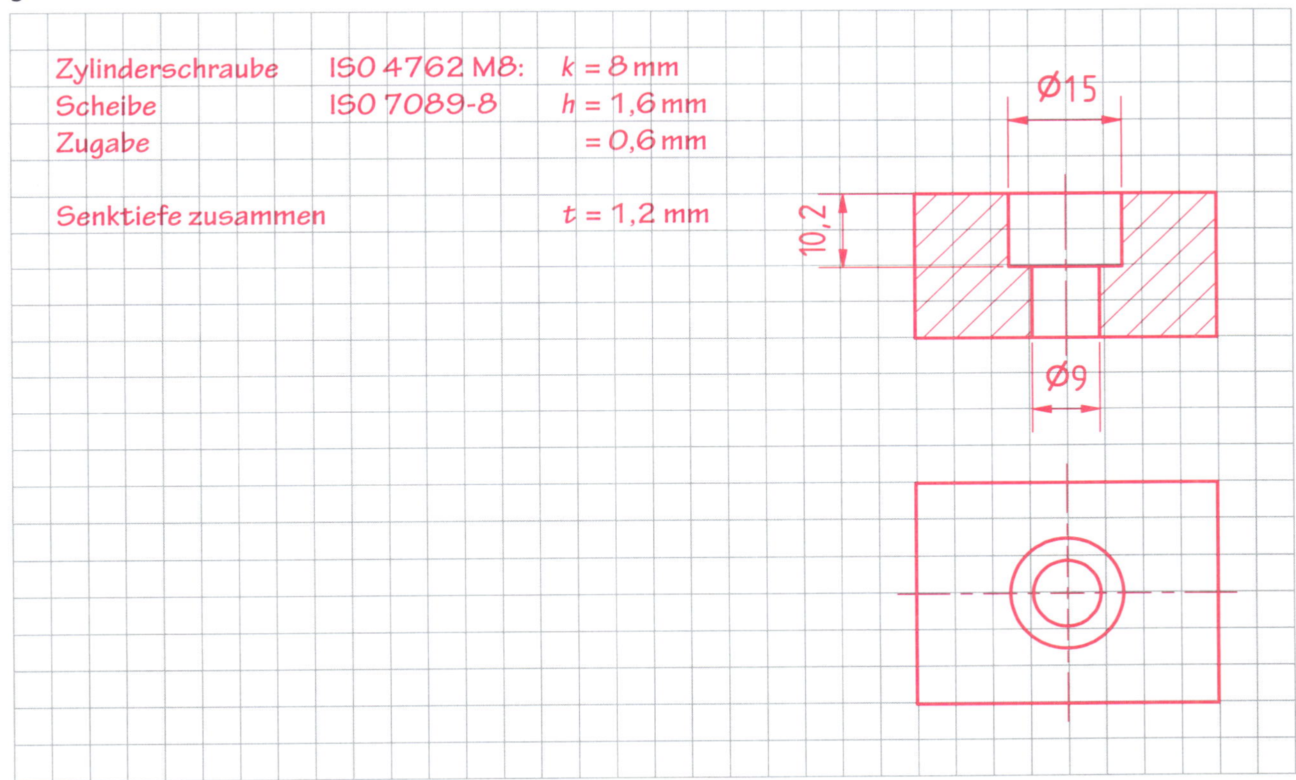

26. Pos. 8 soll durch ein Normteil ersetzt werden. Schlagen Sie ein passendes Normteil aus dem Tabellenbuch vor. Geben Sie die normgerechte Bezeichnung an.

Man könnte einen Splint mit Nenndurchmesser 3,2 mm und Länge 32 verwenden.

Splint ISO 1234 – 3,2 x 32 – St. Andere Lösungen sind möglich, z. B. Schraube M3 mit Mutter.

27. Beschreiben Sie die Aufgabe von Pos. 9 Spannstift.

Der Spannstift verhindert, dass man den Riegel zu weit durchsteckt. Er könnte sich mit dem Radius möglicherweise in der Bohrung des Standrohres verklemmen.

Lösungsvorschlag: Verstellbarer Bock	
Übungen zum Zeichnungslesen	
Name:	Klasse:	Datum:

28. Benennen Sie Kriterien, die das fertige Stück erfüllen muss.

Maßhaltig, Längen, Höhe etc.

Gleichmäßige Winkelteilung

Standrohr senkrecht

Entgratet

Fluchten von Pos. 6 und Pos. 5

Pos. 5 mittig auf Pos. 4

usw.

29. Wie groß ist die Toleranz für das Maß 10 beim Schweißen von Pos. 2 und 3? Begründen Sie Ihre Lösung.

Die Toleranz wird nach ISO 13920 B bestimmt, weil der Abstand durch Fügen, hier Schweißen, entsteht.

Die erlaubte Abweichung ist ±1

30. Wie groß ist die Toleranz für das Maß 25 an Pos. 1 Standrohr?

Die Toleranz wird nach DIN ISO 2768 m bestimmt.

Die erlaubte Abweichung ist ±0,2 mm.

Nachdem Sie Ihre Lösung mit dem Vorschlag aus dem Anhang verglichen haben und Unklarheiten beseitigt sind, bearbeiten Sie nun die Planungsaufgaben im nächsten Abschnitt. Achten Sie möglichst genau darauf, die Zeitvorgabe von 90 Minuten einzuhalten.

Lösungsvorschlag: **Verstellbarer Bock**

Arbeitsplan/Montageplan

Name: Klasse: Datum:

Werkstück mit Pos. Nr. Verstellbarer Bock, Montage der Unterbaugruppe aus Pos1 Standrohr, Pos. 2 Bein, Pos. 3 Fuß (Aufgabe 12)

Nr.	Arbeitsschritt	Beschreibung / Arbeitswerte	Werkzeuge / Hilfsmittel	Begründung / Erläuterung / Kommentar / UVV
1	Vorbereiten	Anrissschablone 3 x 120° erstellen	Zirkel, Bleistift, oder Anreißwerkzeug Papier oder Blech	Geometrische Grundkonstruktion, Kreisteilung per Radius, jede zweite Marke verwenden Mittenkreis ø48,3 (Standrohrdurchmesser)
2	Ausrichten Pos. 1 mit Pos. 2	Pos. 1 Rohr auf Anrissschablone stellen, nacheinander je ein Stück Pos. 2 anlegen	Anrissschablone, Winkel	Beginnen bei dem Bein, das in Linie mit den Bohrungen in Pos. 1 liegt.
3	Heften Pos. 2 an Pos. 1	Ausgerichtete Pos. 2 an Pos. 1 heften.	Schweißausrüstung	UVV Schweißen beachten
4	Kontrolle, ggf. richten	Winkligkeit und Kreisteilung prüfen	Anrissschablone, Winkel	
5	Fertigschweißen Pos. 2 an Pos. 1	Vormaß 10 mm, gegenüberliegend zwei Kehlnähte 15 mm mit Zwischenmaß 20 mm	Schweißausrüstung	Um Verzug zu minimieren, Nähte wechselseitig herstellen. UVV Schweißen beachten
6	Ausrichten Pos. 3 an Pos. 2	Auflegen drei Stück Pos. 3 auf die Anrissschablone, Gruppe aus Pos. 1 und Pos. 2 zentriert aufstellen	Anrissschablone, Stahlmaß	Zeichnungsmaß 10 mm beachten, Mittenanriss auf Pos. 3 beachten
7	Heften Pos. 3 an Pos. 2	Beidseitig nacheinander alle drei Füße an die Beine heften	Anrissschablone	Verzug minimieren, ggf. sofort richten UVV Schweißen beachten
8	Verschweißen Pos. 3 an Pos. 2	Kehlnaht beidseitig		UVV Schweißen beachten
9	Abschlussprüfung	Ebenheit 3 Stück Pos. 3 zueinander Kreisteilung 3 x 120° Beine sowie Standrohr senkrecht	Richtplatte, Winkel, Anrissschablone	
10	Reinigen	Schweißpickel entfernen	Feile, Schleifpad	Je nach Anfall

… ganz sicher gibt es etliche weitere Vorgehensweisen. Diskutieren Sie mit Ihrem Ausbilder. Probieren Sie andere Möglichkeiten aus!

Eventuell erforderliche Berechnungen auf der Rückseite

Lösungsvorschlag: **Verstellbarer Bock**

Arbeitsplan/Montageplan

Name: | Klasse: | Datum:

Werkstück mit Pos. Nr. Verstellbarer Bock, Montage der Unterbaugruppe aus Pos 4 Tauchrohr, Pos. 5 Verbinder, Pos. 6 Auflage (Aufgabe 16)

Nr.	Arbeitsschritt	Beschreibung / Arbeitswerte	Werkzeuge / Hilfsmittel	Begründung / Erläuterung / Kommentar / UVV
1	Vorbereiten	Alle o. a. Positionen sind fertig vorbereitet, auch ein Anriss wegen Bohrungsachse auf Pos. 4 existiert.		Pos. 5 Verbinder und Pos. 6 Auflage wurden gemeinsam gebohrt, um genaues fluchten der Bohrungen sicher zu stellen.
2	Ausrichten	Pos. 4 wird mittig auf Pos. 5 gestellt.	Stahlmaß	Ausrichtung zur Bohrungsachse in Pos. 4 beachten, Schmalseite von Pos. 5 parallel zur Bohrungsachse. Ein Anriss auf Pos. 5 und Pos. 4 ist hilfreich.
3	Heften	Mindesten drei Heftpunkte auf dem Umfang verteilt	Schweißausrüstung	UVV Schweißen beachten
4	Kontrolle	Randabstände kontrollieren Winkligkeit	Stahlmaß, Winkel	ggf. richten
5	Fertigschweißen	Kehlnaht mit Nahtdicke 3 mm, ringsum	Schweißausrüstung	UVV Schweißen beachten
6	Prüfen	Gewinde prüfen ggf, nacharbeiten	Schraube M6, Gewindebohrer M6	
7	Reinigen	Schweißpickel entfernen	Feile, Schleifpad	Je nach Anfall
8	Zusammenbau mit Pos. 6	Pos. 6 auf Pos. 5 legen, beide Schrauben Pos. 10 eindrehen und fest ziehen	Schraubendreher Philipps Gr. 2	

... ganz sicher gibt es etliche weitere Vorgehensweisen. Diskutieren Sie mit Ihrem Ausbilder. Probieren Sie andere Möglichkeiten aus!

Eventuell erforderliche Berechnungen auf der Rückseite

Lösungsvorschlag: Verstellbarer Bock		
Offizieller Prüfungsteil – Planungsaufgaben		
Name:	Klasse:	Datum:

1. Berechnen Sie:

1.1. … die Höhe der Auflage Pos. 6 in der Mittelachse des verstellbaren Bocks gemessen. Fertigen Sie eine Skizze an, die Ihre Überlegungen verdeutlicht. — 7 P.

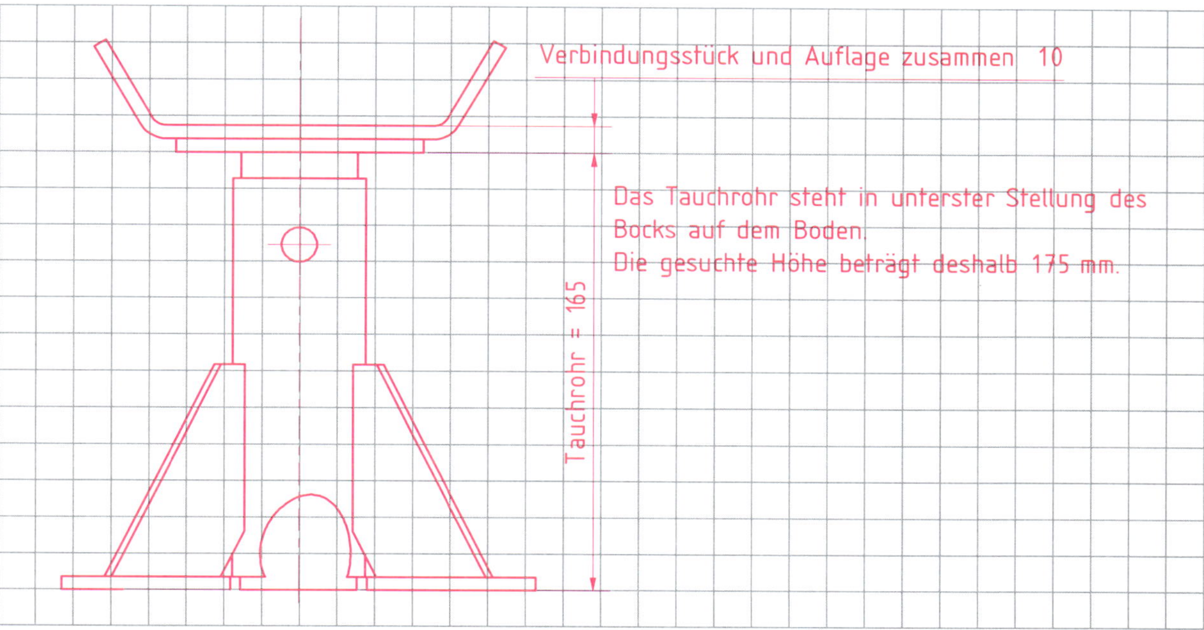

1.2. … die **maximal** erreichbare Höhe am selben Punkt. — 3 P.

Die beiden weiteren Bohrungen im Tauchrohr haben einen Abstand von je 30 mm.

Maximale Höhe daher: 175 + 30 + 30 = 235 mm

2. Berechnen Sie die gestreckte Länge der Auflage Pos. 6. Gehen Sie dabei nach der Methode „Ausgleichswert" vor. Fertigen Sie zunächst eine Skizze an, die nur die für diese Aufgabe wesentlichen Maße hat. — 10 P.

Geg: $l_1 = 40\,mm$
$l_2 = 110\,mm$
$l_3 = 40\,mm$
$s = 5\,mm$
$r = 6\,mm$
$\alpha = 120°$
$v = 4{,}61\,mm$
$n = 2$

5
l1
40
R6
l2
l3
120°
110

Ges: L in mm

Lös: $L = l_1 + l_2 + l_3 - n \cdot v$
$L = 40 + 110 + 40 - 2 \cdot 4{,}61\,mm$
$L = 180{,}78\,mm$ gerundet $181\,mm$

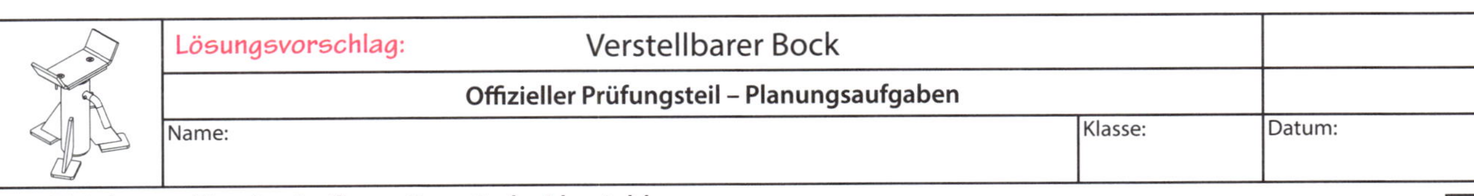

3. Zeichnen Sie die Auflage Pos. 6 als Abwicklung.
Maßstab: 1 : 1
Fertigungsgerechte Bemaßung auch mit den Anrisslinien zum Biegen.

10 P.

Alternativ: Verwenden Sie einen Zeichenkarton A4 im Querformat.

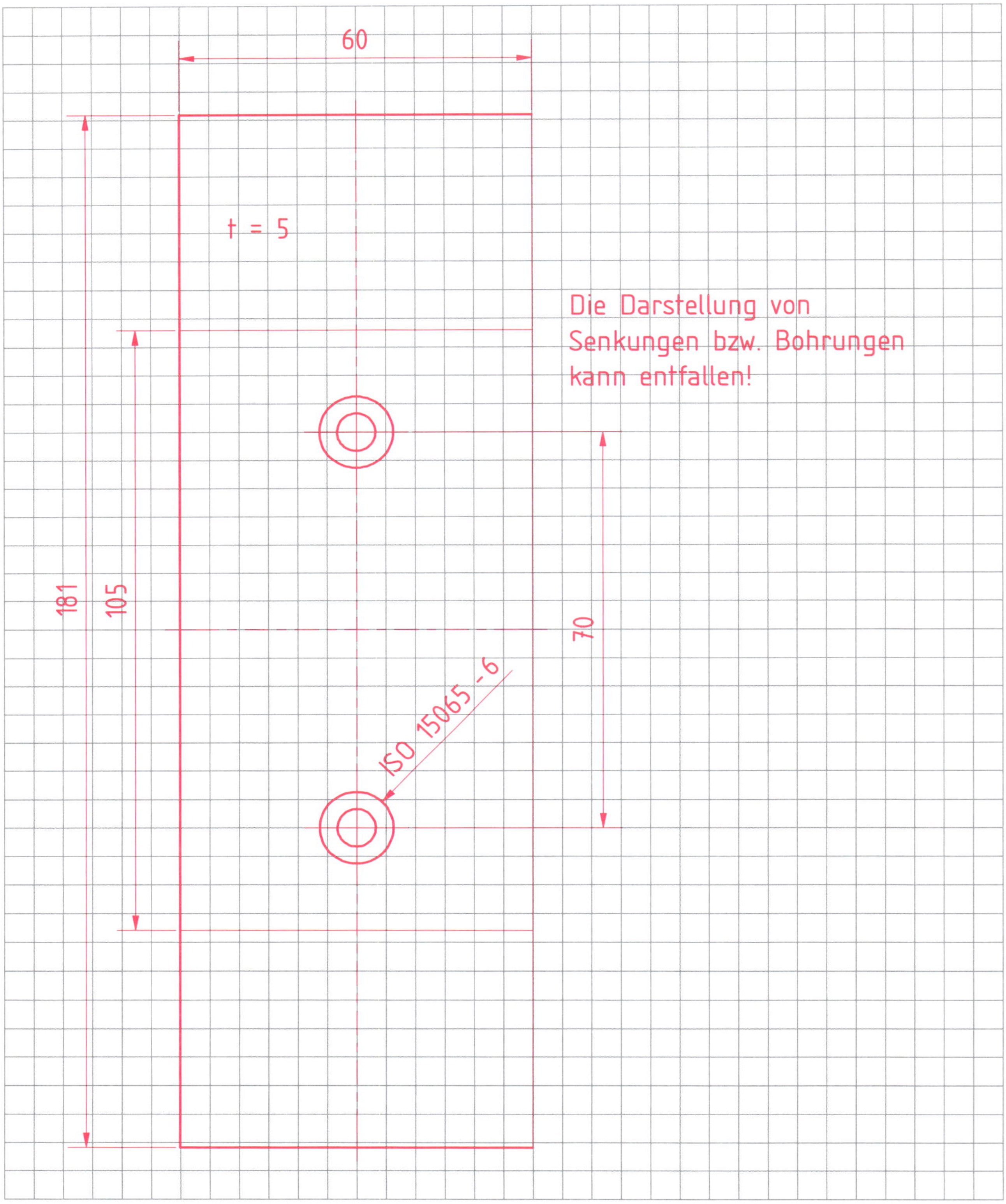

60

t = 5

Die Darstellung von Senkungen bzw. Bohrungen kann entfallen!

181

105

70

ISO 15065 -6

Lösungsvorschlag: Verstellbarer Bock

Offizieller Prüfungsteil – Planungsaufgaben

Name:	Klasse:	Datum:

4. Auf dem Blatt 2 des Zeichnungssatzes ist bei Pos. 6 Auflage dieses Detail zu sehen.

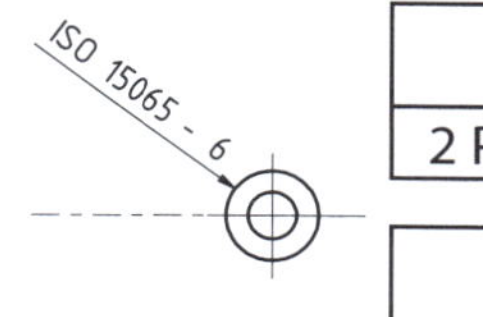

4.1. Worum handelt es sich dabei? Senkung für Senkschraube M6 — 2 P.

4.2. Skizzieren Sie freihändig das Werkstückdetail ca. im Maßstab 2:1 im Schnitt. Geben Sie für die Herstellung des Details alle wichtigen Maße an. — 6 P.

90°

Ø 12,6

(3)

Ø 6,6

5. Im Standrohr Pos. 1 und im Tauchrohr Pos. 4 sind Bohrungen anzubringen.

5.1. Begründen Sie, warum man nicht sofort mit ø13 mm bohrt. — 5 P.

Man muss vorbohren, weil die zu lange Querschneide des Bohrers ø13 mm den Bohrvorgang unnötig erschwert.

Man bohrt daher zunächst mit dem Bohrerdurchmesser, der mindestens der Länge der Querschneide des Bohrers ø13 mm entspricht, vor, hier ca. ø6 mm.

5.2. Bestimmen Sie für den ø13 mm die an der Maschine einzustellende Drehzahl. Verwendet wird ein HSS Bohrer. Dokumentieren Sie Ihre Berechnung bzw. Überlegung. — 10 P.

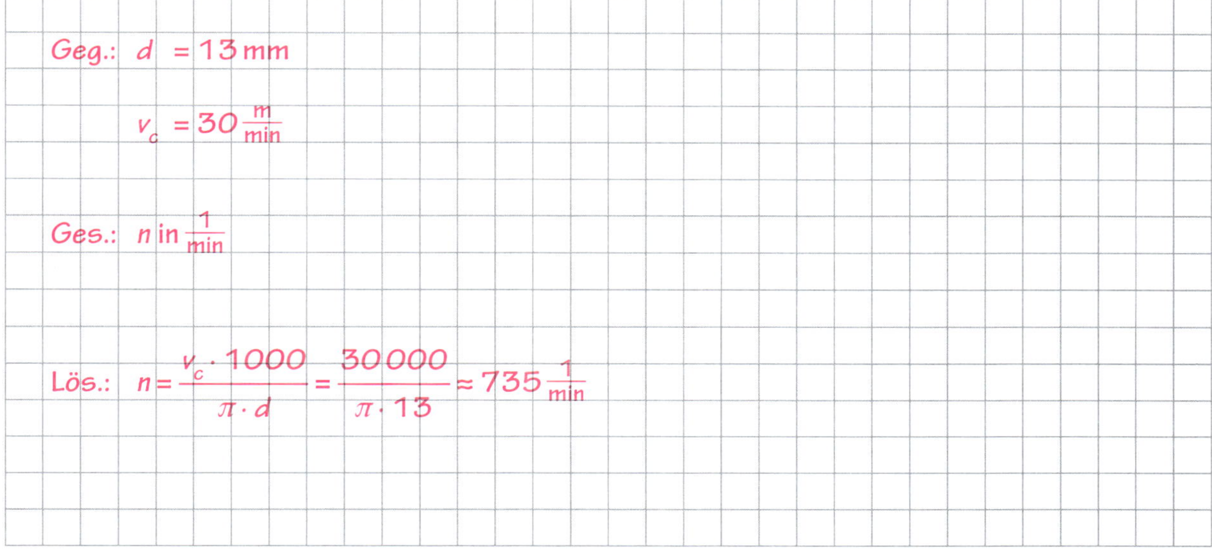

Geg.: $d = 13\,\text{mm}$

$v_c = 30\,\frac{\text{m}}{\text{min}}$

Ges.: n in $\frac{1}{\text{min}}$

Lös.: $n = \frac{v_c \cdot 1000}{\pi \cdot d} = \frac{30000}{\pi \cdot 13} \approx 735\,\frac{1}{\text{min}}$

Lösungsvorschlag: Verstellbarer Bock

Offizieller Prüfungsteil – Planungsaufgaben

Name:	Klasse:	Datum:

6. Der Riegel Pos. 7 ist ein Biegeteil. Berechnen Sie seine gestreckte Länge mit Hilfe der neutralen Faser.

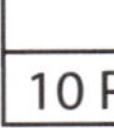

10 P.

Geg: $l_1 = 80\,\text{mm}$

$l_2 = \frac{\pi \cdot d}{6} = \frac{\pi \cdot 40}{6}\,\text{mm} = 20{,}94\,\text{mm}$ gerundet $21\,\text{mm}$

$l_3 = 40\,\text{mm}$

Ges: L in mm

Lös: $L = l_1 + l_2 + l_3$

$L = 80 + 21 + 40\,\text{mm}$

$L = 141\,\text{mm}$

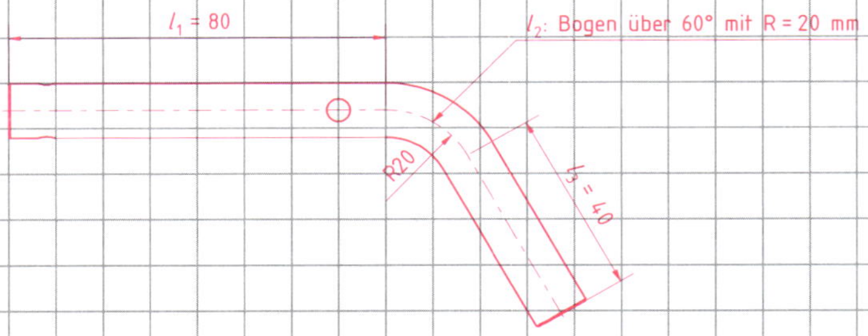

$l_1 = 80$

l_2: Bogen über 60° mit R = 20 mm

R20

$l_3 = 40$

7. Der Riegel Pos. 7 soll gefertigt werden. Geben Sie die Arbeitsschritte zur Fertigung an.

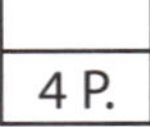

4 P.

Anreißen der Biegestelle

Biegen, entweder freies Biegen oder mit Biegemaschine z. B. Gressel

Anreißen der Schenkellängen

Ablängen der beiden Schenkel

Entgraten, Kanten brechen

Anreißen der beiden Bohrungen im längeren Schenkel

Bohren, dabei auf unterschiedliche Durchmesser und Richtungen achten

Prüfen

	Lösungsvorschlag: Verstellbarer Bock		
	Offizieller Prüfungsteil – Planungsaufgaben		
	Name:	Klasse:	Datum:

8. Die Beine Pos. 2 werden mit dem Standrohr Pos. 1 gefügt.
Erläutern Sie das Symbol.

10 P.

Zwei Nähte 15 mm, dazwischen 20 mm frei
auf Pfeilseite und Pfeilgegenseite schweißen

Nahtdicke 3 mm

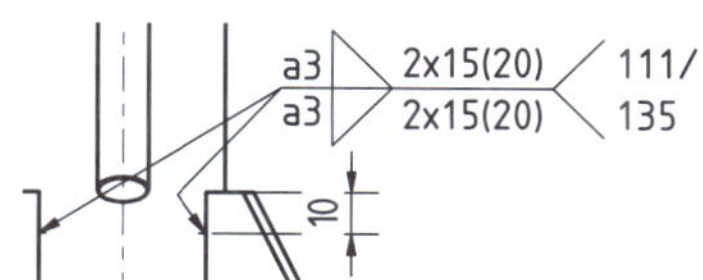

Verfahren wahlweise Lichtbogenhand (111)
oder MAG (135)

Erste Naht beginnt 10 mm von Oberkante Pos. 3
d. h. Vormaß 10 mm

9. Insgesamt werden 66 verstellbare Böcke gefertigt. Berechnen Sie die gesamte Masse in kg für alle dazu benötigten Verbinder Pos. 5 und Auflagen Pos. 6. Verwenden Sie die Längenangaben aus der Stückliste.

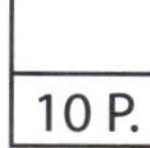
10 P.

Geg.: $l_{Pos.5} = 90\,mm = 0{,}09\,m$
$l_{Pos.6} = 200\,mm = 0{,}2\,m$
$t = 5\,mm$
$n = 66$
$m' = 1{,}54\,\frac{kg}{m}$

Ges.: L in mm

Lös.: $m = m' \cdot L_{ges} \cdot n$

$m = 1{,}54\,\frac{kg}{m} \cdot 0{,}29\,m \cdot 66 = 29{,}476\,kg$

10. Skizzieren Sie eine keilförmige Werkzeugschneide eines Maschinensägeblatts.
Bezeichnen und benennen Sie die Winkel an der Werkzeugschneide.

6 P.

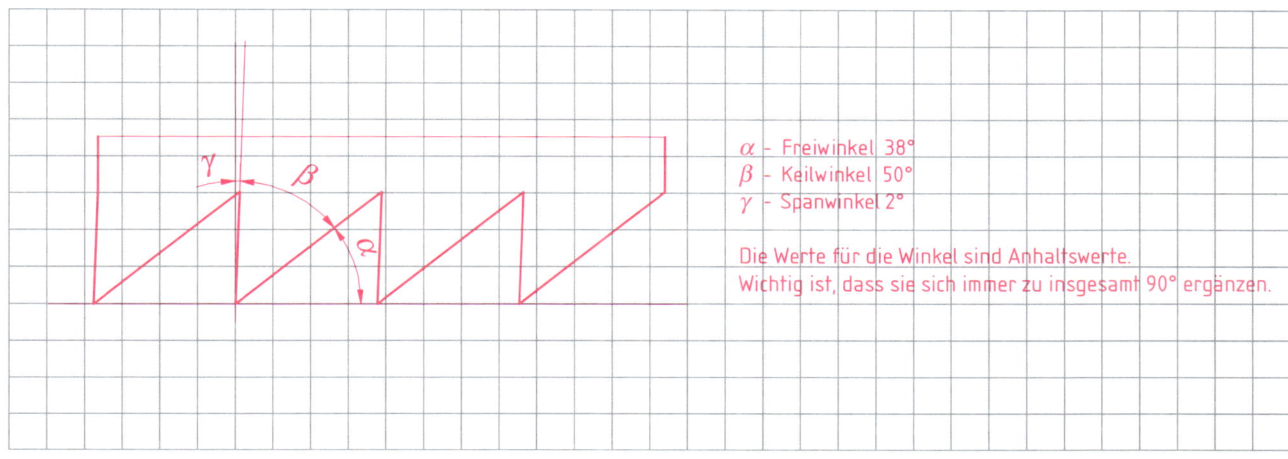

	Lösungsvorschlag: Verstellbarer Bock	
	Offizieller Prüfungsteil – Planungsaufgaben	
	Name:	Klasse:	Datum:

11. Entschlüsseln Sie die Angaben aus der Stückliste zu Pos. 6 Auflage. **6 P.**

warm gewalzter Flachstahl

60 mm breit, 5 mm dick 200 mm lang

Fl EN 10058 – 60x5 – 200 – S235JR

Werkstoff: allgemeiner Baustahl mit einer Streckgrenze von 235 N/mm².

Die Kerbschlagzähigkeit beträgt 27 J bei Raumtemperatur.

12. Begründen Sie die Eignung des für den Feststeller gewählten Werkstoffes für die unterschiedlichen Fertigungsverfahren anhand seiner technologischen Eigenschaften. **6 P.**

S235 JR ist gut zerspanbar. Es muss gesägt werden, Gewinde gebohrt werden, gefeilt werden.

S235 JR ist gut schweißbar. Es sind nennenswerte Mengen an Schweißnähten zu erstellen.

S 235 ist gut umformbar. Die Auflage ist ein Biegeteil.

13. Für das Fügen der Beine mit dem Standrohr ist der Winkel 3 x 120° einzuhalten. Konstruieren Sie die Teilung für die drei Beine als geometrische Grundkonstruktion mithilfe eines Zirkels. Markieren Sie darüber hinaus die Ausrichtung der Bohrungen im Standrohr zu den Beinen. **10 P.**

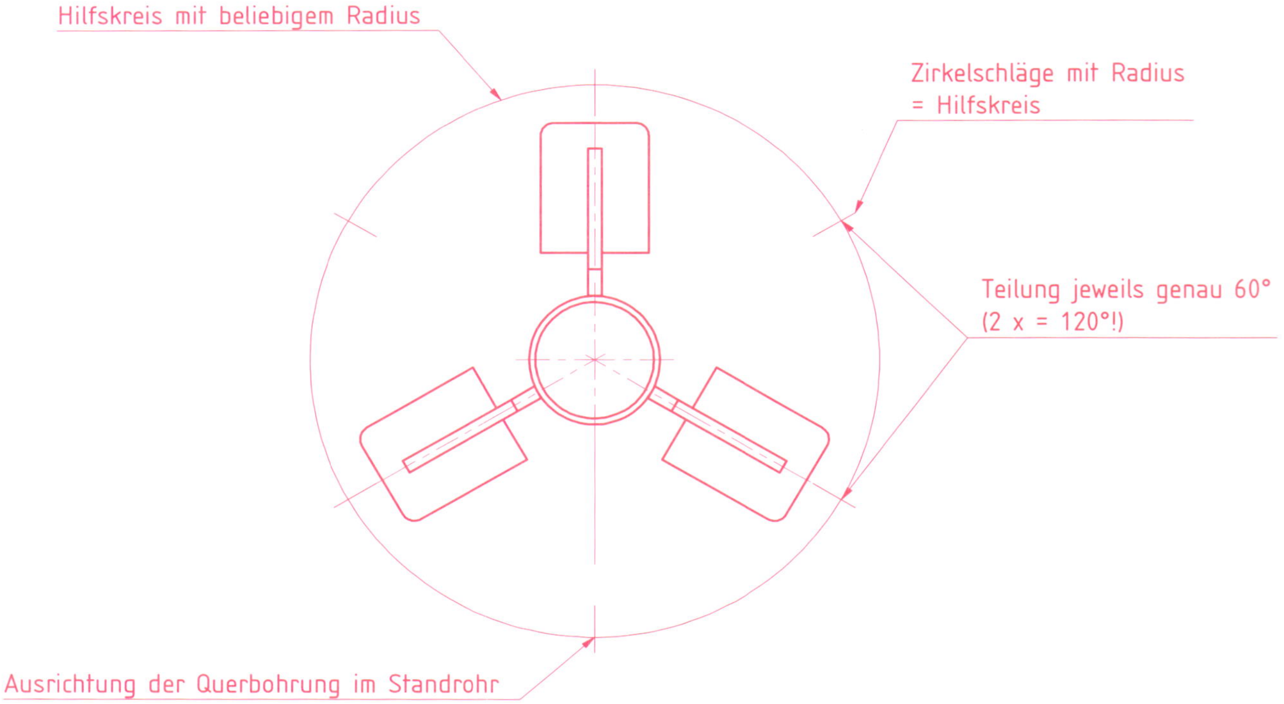

Hilfskreis mit beliebigem Radius

Zirkelschläge mit Radius = Hilfskreis

Teilung jeweils genau 60° (2 x = 120°!)

Ausrichtung der Querbohrung im Standrohr

Name: | Klasse: | Datum:

14. Wie erreicht man, dass die Bohrungen im Verbinder Pos. 5 genau zu denen in der Auflage Pos. 6 passen? 5 P.

Man bohrt beide Teile gleichzeitig. Zweckmäßig von der Seite des Verbinders aus mit dem Kernlochbohrer für das Gewinde. Dann wird die Auflage aufgebohrt und gesenkt. Schließlich wird der Verbinder mit dem Gewinde versehen.

15. Bei der Qualitätskontrolle stellt sich heraus, dass der Überstand vom Fuß Pos. 3 über das Bein Pos. 2 nur 9,1 mm beträgt.
Muss der Fuß abgetrennt und mit dem richtigen Maß erneut verschweißt werden oder genügt das Maß der Vorgabe?

15.1. Bestimmen Sie die Toleranz, begründen Sie. 5 P.

Die Toleranz wird nach ISO 13920 B bestimmt.

Die erlaubte Abweichung ist ±1 mm.

15.2. Genügt das Istmaß der Toleranz? Begründen Sie Ihre Lösung. 5 P.

Das Mindestmaß G_u beträgt 10 mm − 1 mm = 9 mm

9,1 mm ist größer als das Mindestmaß. Das heißt, die Fügestelle ist „gut“ und muss nicht geändert werden.

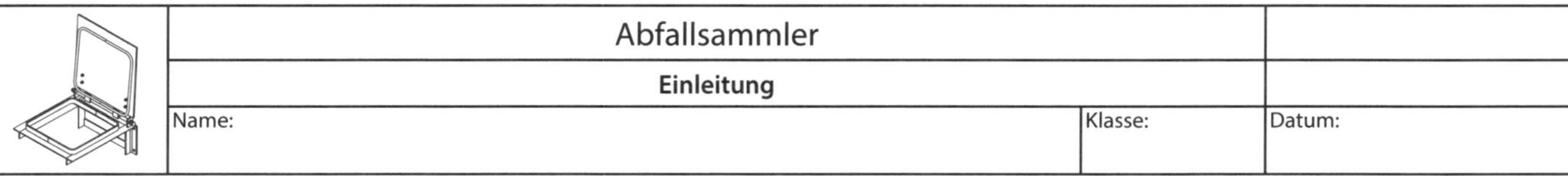

Abfallsammler

Auch der Abfallsammler wurde bereits als Prüfungsstück zur Gesellenprüfung in Schleswig-Holstein verwendet. Das Stück ist umfangreicher und der Schwierigkeitsgrad anspruchsvoller als der des verstellbaren Bocks, erstes Prüfungsstück. Das hatte zur Folge, dass dieses Stück mit geringen Erweiterungen auch einmal als Grundlage für den Teil 2 der Gesellenprüfung diente.

Bevor Sie mit der eigentlichen Prüfung beginnen, üben Sie wieder die Technik, sich eine Zeichnung zu erschließen. Dazu bearbeiten Sie schriftlich die Aufgaben zum Zeichnungslesen auf den folgenden Seiten.

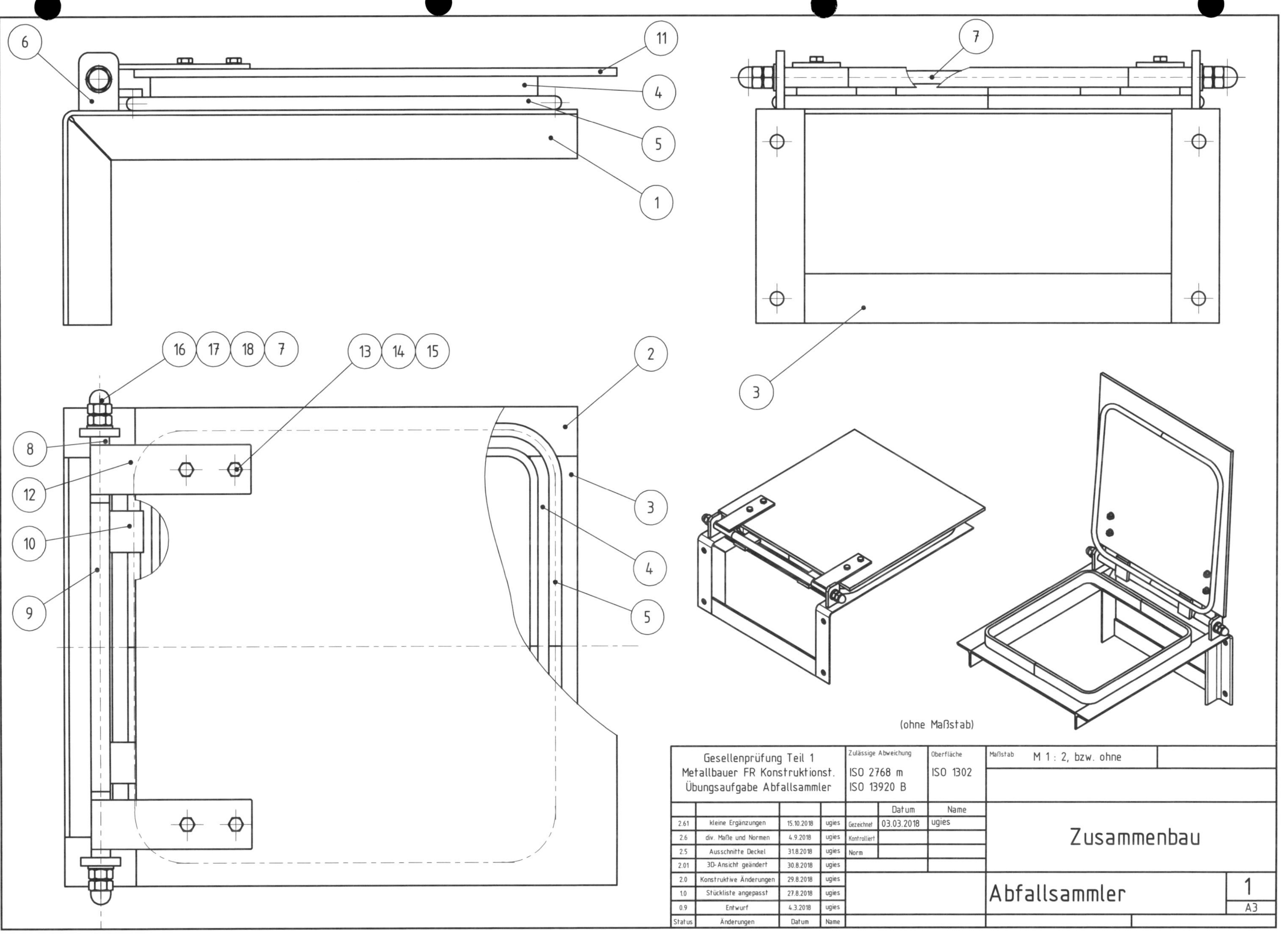
6
11
4
5
1
7
3
16
17
18
7
13
14
15
2
8
12
10
9
3
4
5
(ohne Maßstab)
Gesellenprüfung Teil 1
Metallbauer FR Konstruktionst.
Übungsaufgabe Abfallsammler
Zulässige Abweichung
ISO 2768 m
ISO 13920 B
Oberfläche
ISO 1302
Maßstab
M 1 : 2, bzw. ohne
Datum
Name
Gezeichnet 03.03.2018 ugies
Kontrolliert
Norm
2.61 kleine Ergänzungen 15.10.2018 ugies
2.6 div. Maße und Normen 4.9.2018 ugies
2.5 Ausschnitte Deckel 31.8.2018 ugies
2.01 3D-Ansicht geändert 30.8.2018 ugies
2.0 Konstruktive Änderungen 29.8.2018 ugies
1.0 Stückliste angepasst 27.8.2018 ugies
0.9 Entwurf 4.3.2018 ugies
Status Änderungen Datum Name
Zusammenbau
Abfallsammler
1
A3

10

6

111/135

a3 3x30(30)

111/135 alle
4 Seiten gleich
verschweißen

45

111/135

255 +0,5 / -1

111/135

290

30

4

2

3

3

3

30

111/135

1

(ohne Maßstab)

Gesellenprüfung Teil 1 Metallbauer FR Konstruktionst. Übungsaufgabe Abfallsammler				Zulässige Abweichung ISO 2768 m ISO 13920 B		Oberfläche ISO 1302	Maßstab M 1 : 2, bzw. ohne
					Datum	Name	
2.61	kleine Ergänzungen	15.10.2018	ugies	Gezeichnet	03.03.2018	ugies	Fügen von: Konsolen Pos. 1 und Pos. 2, 3x Strebe Pos. 3, 2x Lager Pos. 6 2x Rahmen Pos. 4
2.6	div. Maße und Normen	4.9.2018	ugies	Kontrolliert			
2.5	Ausschnitte Deckel	31.8.2018	ugies	Norm			
2.01	3D-Ansicht geändert	30.8.2018	ugies				
2.0	Konstruktive Änderungen	29.8.2018	ugies				Abfallsammler — 2 — A3
1.0	Stückliste angepasst	27.8.2018	ugies				
0.9	Entwurf	4.3.2018	ugies				
Status	Änderungen	Datum	Name				

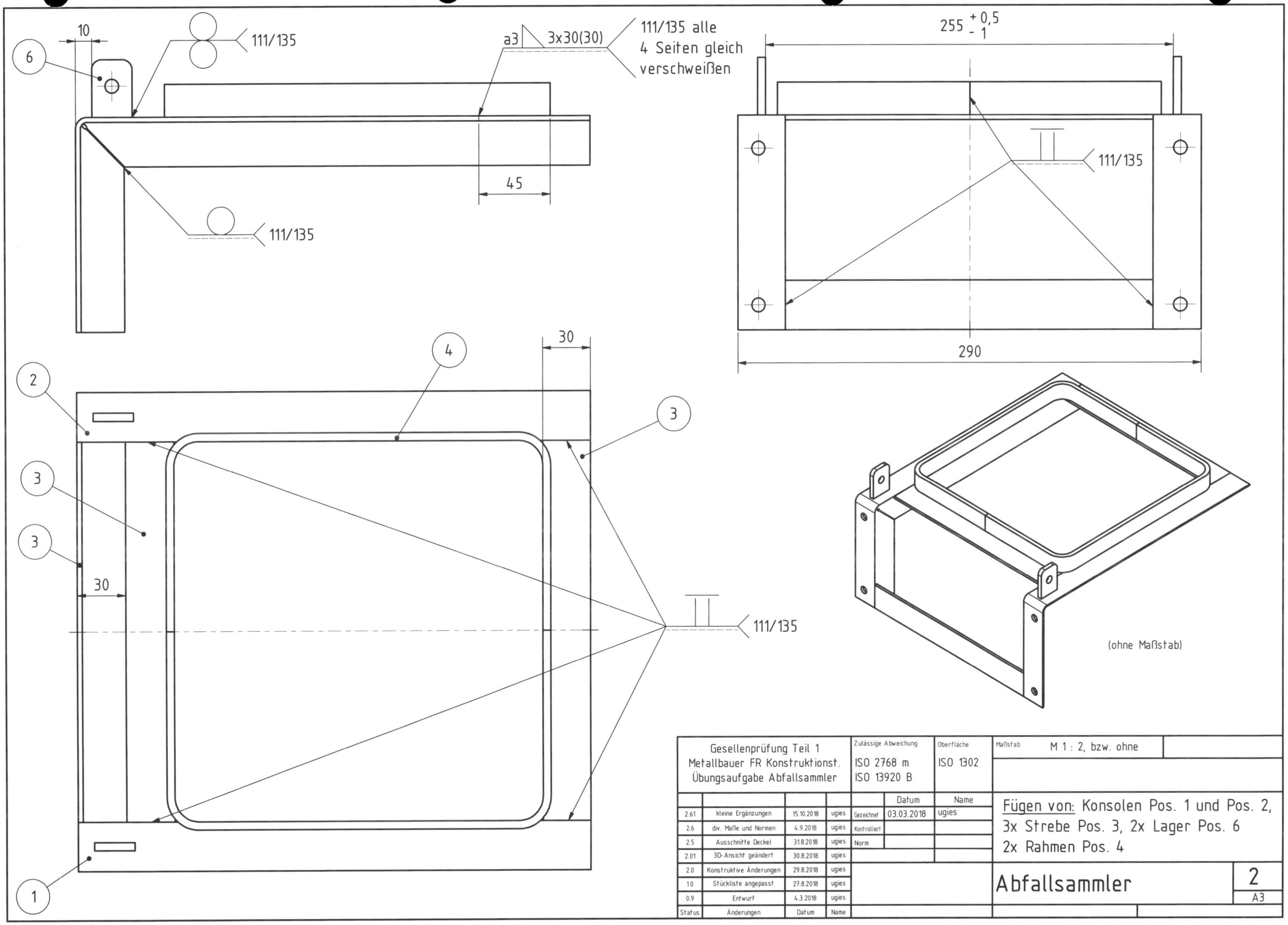

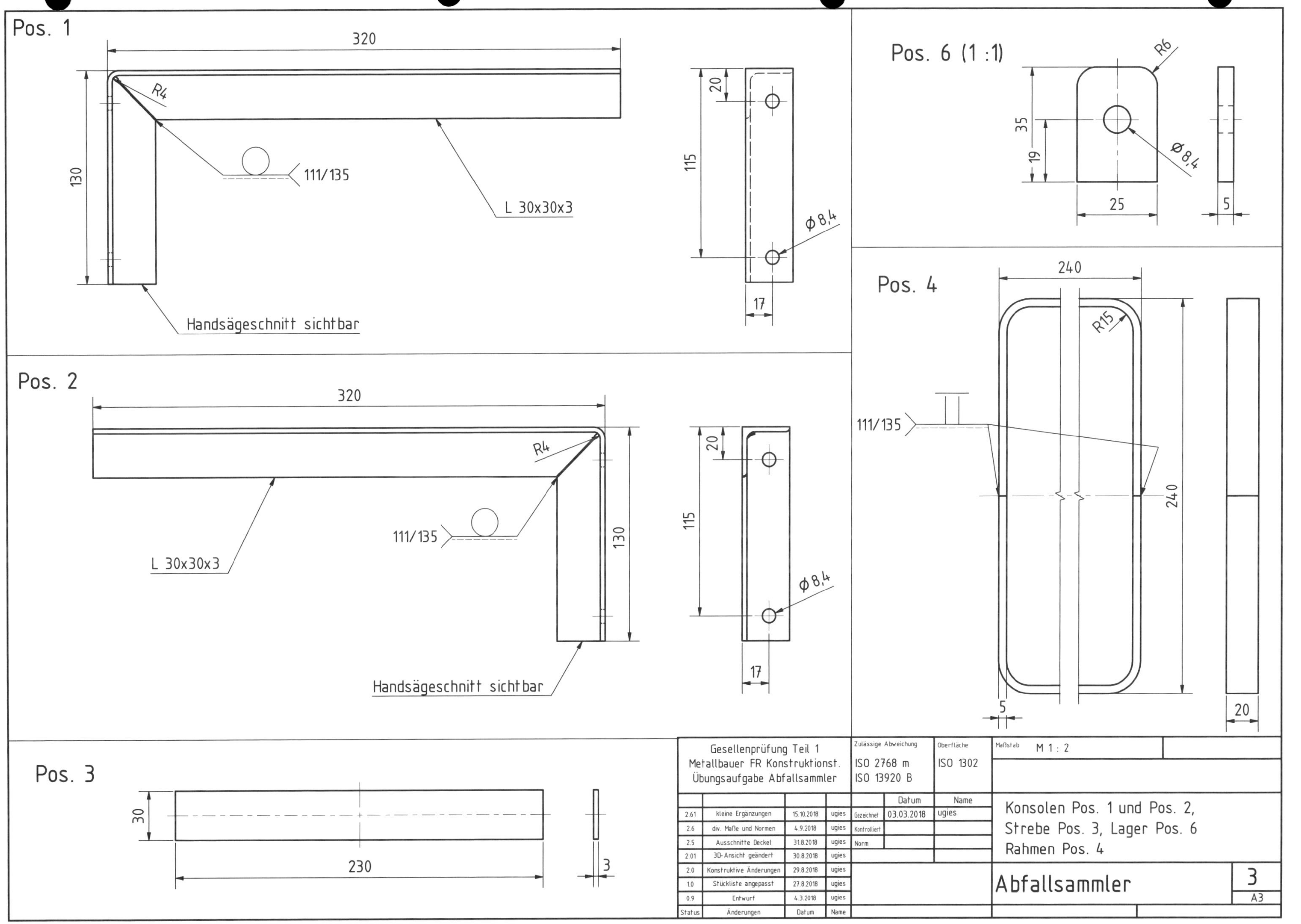
Pos. 1
320
130
R4
111/135
L 30x30x3
Handsägeschnitt sichtbar
20
115
ϕ 8,4
17
Pos. 6 (1 :1)
R6
35
19
ϕ 8,4
25
5
Pos. 2
320
R4
L 30x30x3
111/135
130
Handsägeschnitt sichtbar
20
115
ϕ 8,4
17
Pos. 4
240
R15
111/135
240
5
20
Pos. 3
30
230
3
Gesellenprüfung Teil 1
Metallbauer FR Konstruktionst.
Übungsaufgabe Abfallsammler
Zulässige Abweichung
ISO 2768 m
ISO 13920 B
Oberfläche
ISO 1302
Maßstab M 1 : 2
Datum
Name
Gezeichnet 03.03.2018 ugies
Kontrolliert
Norm
2.61 kleine Ergänzungen 15.10.2018 ugies
2.6 div. Maße und Normen 4.9.2018 ugies
2.5 Ausschnitte Deckel 31.8.2018 ugies
2.01 3D-Ansicht geändert 30.8.2018 ugies
2.0 Konstruktive Änderungen 29.8.2018 ugies
1.0 Stückliste angepasst 27.8.2018 ugies
0.9 Entwurf 4.3.2018 ugies
Status Änderungen Datum Name
Konsolen Pos. 1 und Pos. 2,
Strebe Pos. 3, Lager Pos. 6
Rahmen Pos. 4
Abfallsammler
3
A3

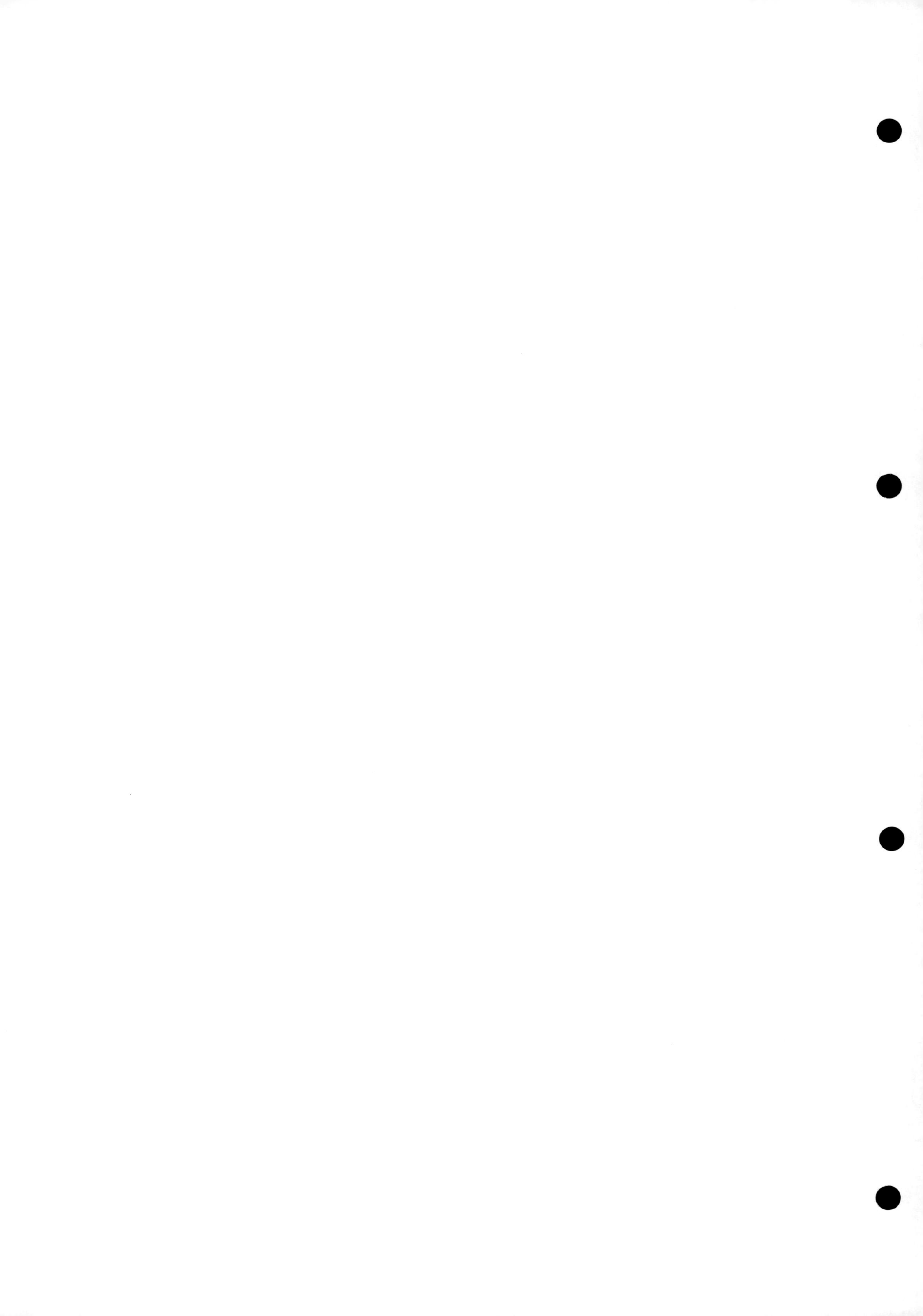

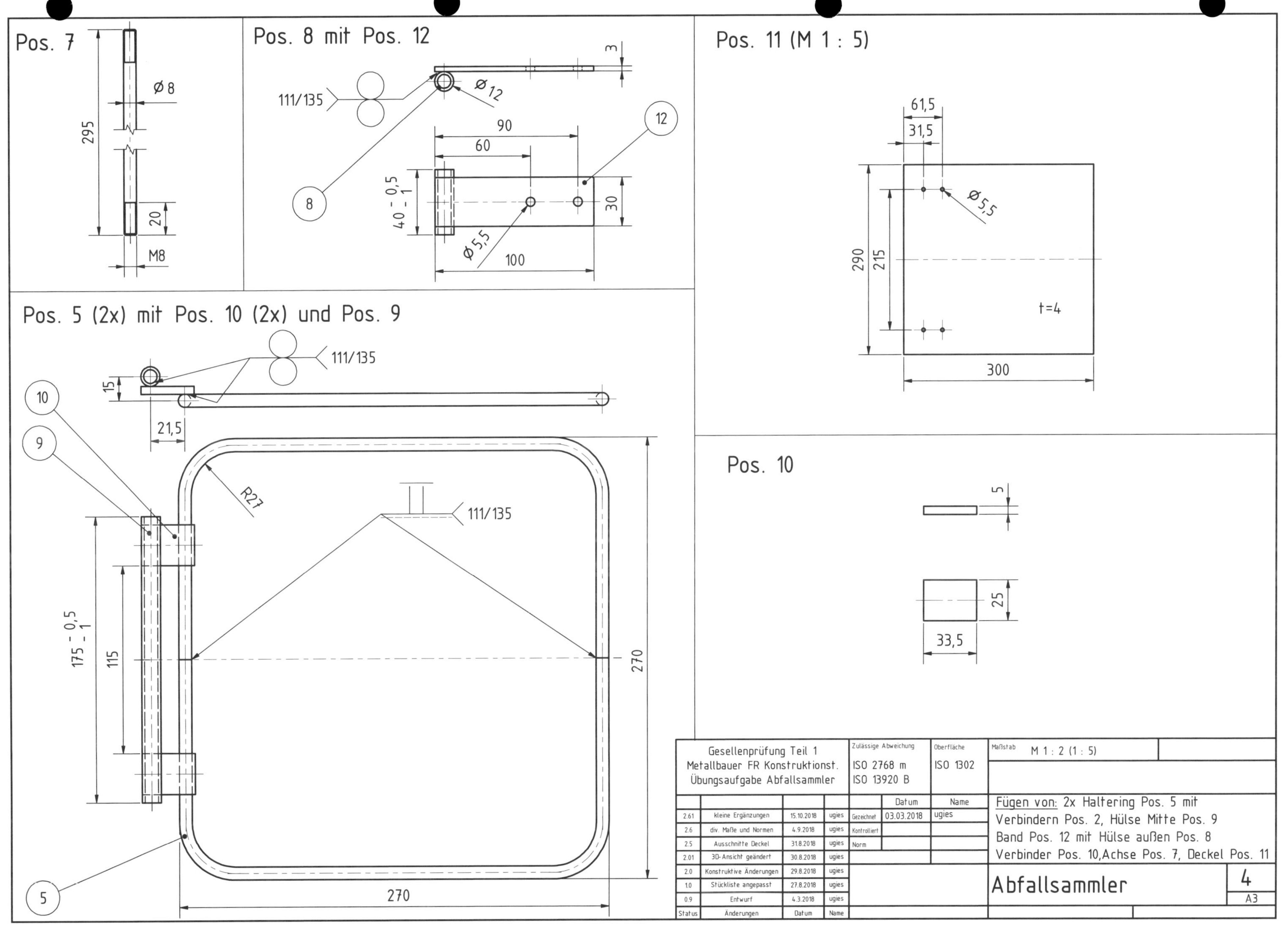
Pos. 7
295
Ø 8
20
M8
Pos. 8 mit Pos. 12
111/135
Ø 12
3
90
60
40 - 0,5 / -1
30
Ø 5,5
100
Pos. 11 (M 1 : 5)
61,5
31,5
Ø 5,5
290
215
t=4
300
Pos. 5 (2x) mit Pos. 10 (2x) und Pos. 9
111/135
15
21,5
R27
111/135
175 - 0,5 / -1
115
270
270
Pos. 10
5
25
33,5
Gesellenprüfung Teil 1
Metallbauer FR Konstruktionst.
Übungsaufgabe Abfallsammler
Zulässige Abweichung
ISO 2768 m
ISO 13920 B
Oberfläche
ISO 1302
Maßstab
M 1 : 2 (1 : 5)
Datum
Name
Gezeichnet
03.03.2018
ugies
Kontrolliert
Norm
2.61 kleine Ergänzungen 15.10.2018 ugies
2.6 div. Maße und Normen 4.9.2018 ugies
2.5 Ausschnitte Deckel 31.8.2018 ugies
2.01 3D-Ansicht geändert 30.8.2018 ugies
2.0 Konstruktive Änderungen 29.8.2018 ugies
1.0 Stückliste angepasst 27.8.2018 ugies
0.9 Entwurf 4.3.2018 ugies
Status Änderungen Datum Name
Fügen von: 2x Haltering Pos. 5 mit
Verbindern Pos. 2, Hülse Mitte Pos. 9
Band Pos. 12 mit Hülse außen Pos. 8
Verbinder Pos. 10,Achse Pos. 7, Deckel Pos. 11
Abfallsammler
4
A3

Pos.	Anz.	Benennung	Norm- Kurzbezeichnung	Kommentar
1	1	Konsole links	L EN 10 056-1 - 30x30x3-500 - S235JR	
2	1	Konsole rechts	L EN 10 056-1 - 30x30x3-500 - S235JR	
3	3	Strebe	Fl EN 10 058 - 30x3x230 - S235JR	
4	2	Rahmen	Fl EN 10 058 - 20x5x480 - S235 JR	
5	2	Haltering	Rd EN 10 060 - 8x550 - S235JR	
6	2	Lager	Fl EN 10 058 - 25x5x35 - S235 JR	
7	1	Achse	Rd EN 10 278 - 8x295 - S235JR	
8	2	Hülse außen	Rohr EN 10 220 - 12x1,8x40 - S235JR	
9	1	Hülse Mitte	Rohr EN 10 220 - 12x1,8x175 - S235JR	
10	2	Verbinder	Fl EN 10 058 - 25x5x35 - S235 JR	anpassen!
11	1	Deckel	Tafel 290x300x5 - PE-HD	o.ä.
12	2	Band	Fl EN 10 058 - 30x3x100 - S235JR	
13	4	Sechskantschraube	ISO 4017 - M5 x 16 - 4.6	
14	4	Scheibe	ISO 7089 - 5 - 200 HV	
15	4	Sechskantmutter	ISO 4032 - M5 - 6	
16	2	Scheibe	ISO 7089 - 8 - 200 HV	
17	2	Sechskantmutter	ISO 4032 - M8 - 6	
18	2	Hutmutter	DIN 1587 - M8 - 6	

Gesellenprüfung Teil 1
Metallbauer FR Konstruktionst.
Übungsaufgabe Abfallsammler

Zulässige Abweichung: ISO 2768 m, ISO 13920 B

Oberfläche: ISO 1302

Maßstab

		Datum	Name
Gezeichnet		03.03.2018	ugies
Kontrolliert			
Norm			

Status	Änderungen	Datum	Name
2.61	kleine Ergänzungen	15.10.2018	ugies
2.6	div. Maße und Normen	4.9.2018	ugies
2.5	Ausschnitte Deckel	31.8.2018	ugies
2.01	3D-Ansicht geändert	30.8.2018	ugies
2.0	Konstruktive Änderungen	29.8.2018	ugies
1.0	Stückliste angepasst	27.8.2018	ugies
0.9	Entwurf	4.3.2018	ugies

Stückliste

Abfallsammler

5

A4

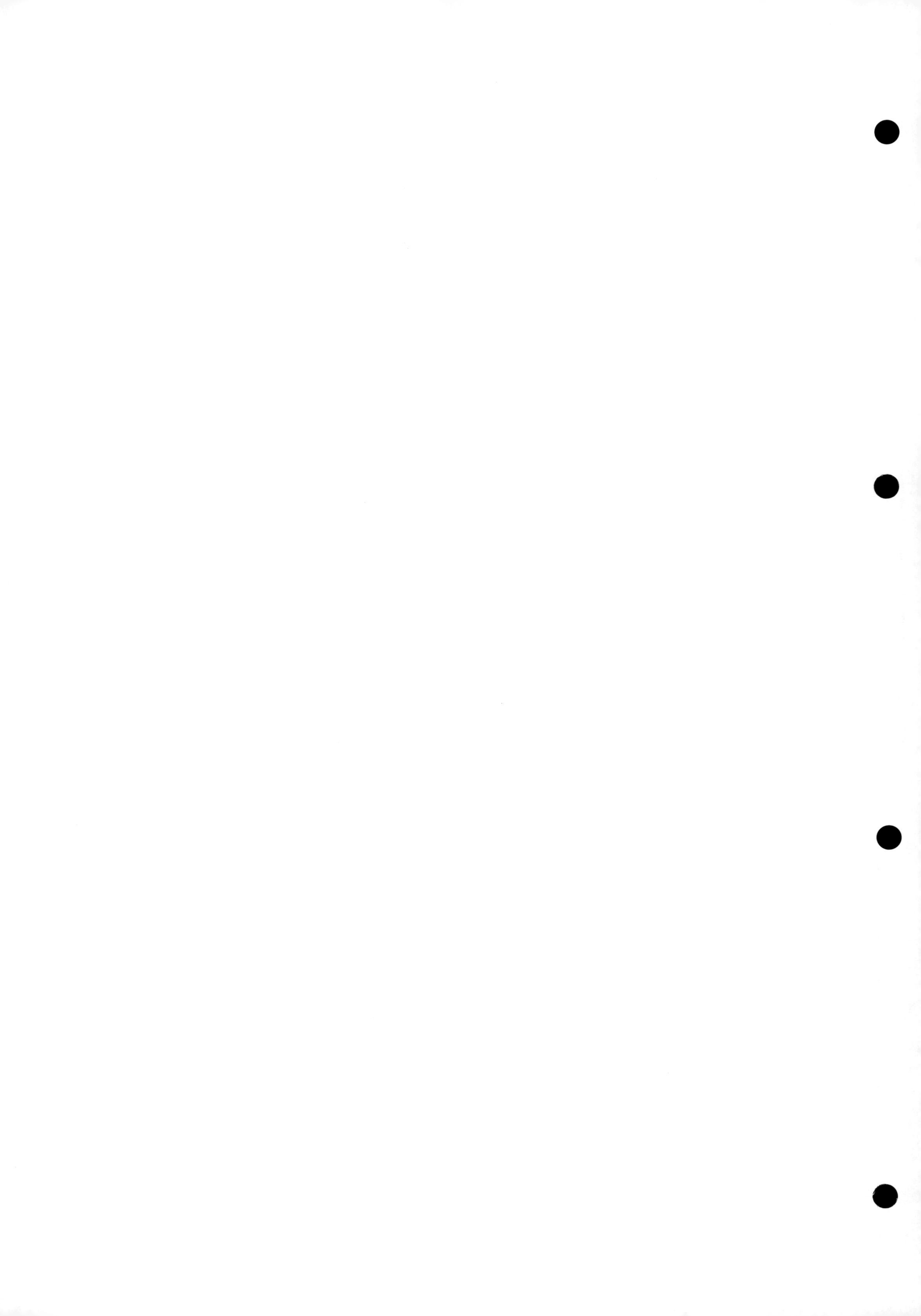

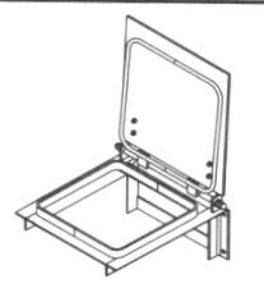

Abfallsammler	
Übungen zum Zeichnungslesen	
Name:	Klasse:	Datum:

1. Ordnen Sie die Positionsnummern aus der Stückliste den beiden Ansichten zu.

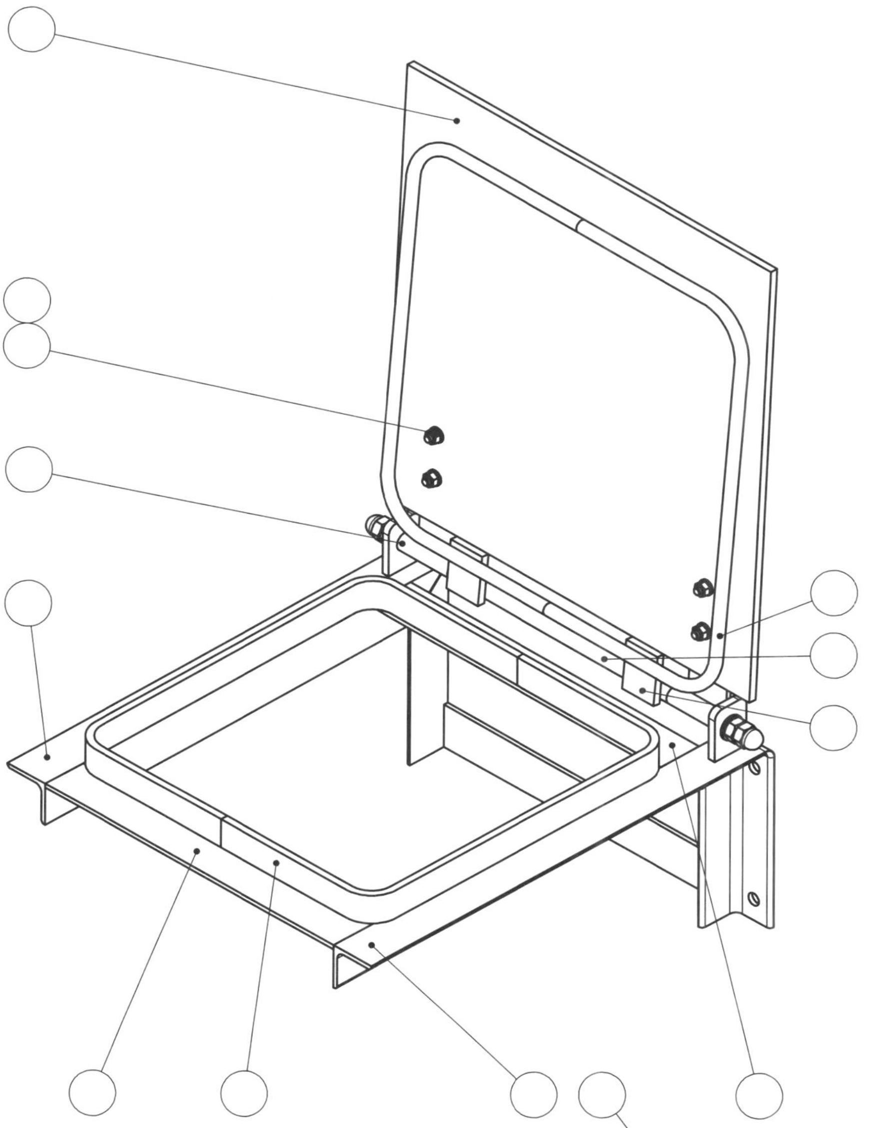

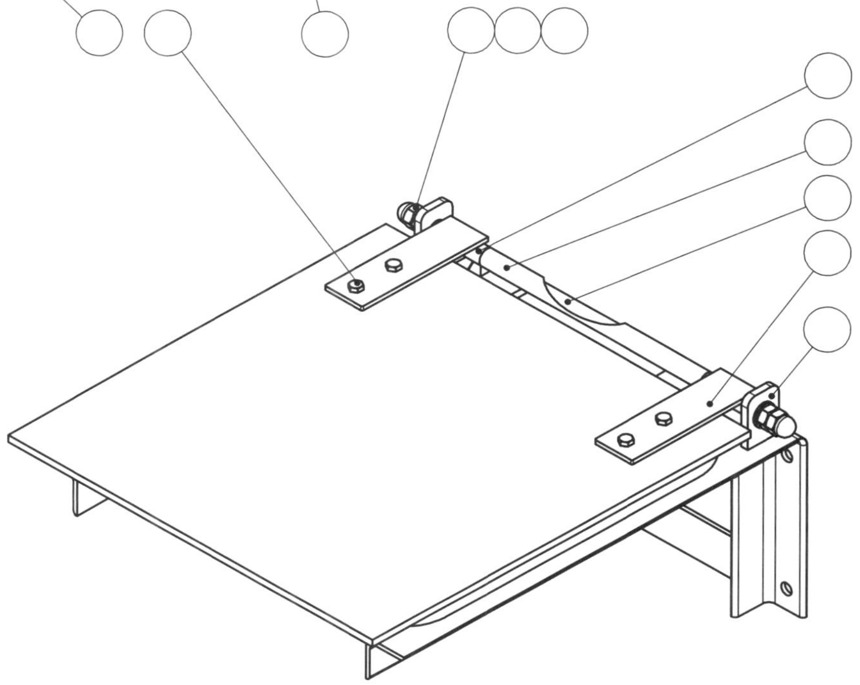

	Abfallsammler	
	Übungen zum Zeichnungslesen	
	Name:	Klasse:	Datum:

2. Zum Öffnen kann man den Deckel an der Vorderkante anheben. Welches Bauteil bildet die Drehachse?

____

____

3. Welche Bauteile, Benennung und Pos. Nr., drehen sich gemeinsam mit dem Deckel um die o. a. Drehachse?

____

____

____

4. Der Haltering kann angehoben werden. Welches Bauteil bildet die Drehachse?

____

____

5. Welche Bauteile, Benennung und Pos. Nr. drehen sich gemeinsam mit dem Haltering um die o. a. Drehachse?

____

____

____

6. Auf welche Weise ist sichergestellt, dass sich Deckel und Haltering unabhängig voneinander bewegen lassen?

____

____

7. Beschreiben Sie, wie eine Mülltüte im Abfallsammler eingelegt und befestigt wird.

____

____

____

____

____

____

	Abfallsammler	
	Übungen zum Zeichnungslesen	
Name:	Klasse:	Datum:

8. Aus wie vielen Einzelteilen besteht das Werkstück?

9. Erläutern Sie die Angaben in der Spalte Norm- Kurzbezeichnung für die Positionen 1, 7, und 8.

9.1. Konsole links Pos. 1

L EN 10 056-1 – 30x30x3 – S235JR

9.2. Achse Pos. 7

Rd EN 10 278 – 8x295 – S235JR

9.3. Hülse außen Pos. 8

Rohr EN 10 220 – 12x1,8x40 – S235JR

10. Erläutern Sie die Angabe 4.6 bei der Sechskantschraube Pos. 13.

4.6:

11. Erläutern Sie die Angabe „PE-HD" beim Deckel Pos. 11.

PE-HD:

12. Alle Halbzeuge sind aus dem Werkstoff S235JR gefertigt. Erläutern Sie die Werkstoffbezeichnung.

S235JR:

	Abfallsammler	
	Übungen zum Zeichnungslesen	
	Name:	Klasse:	Datum:

13. Benennen Sie die technologischen Eigenschaften nach DIN EN 10 025-2 des verwendeten Werkstoffes.

14. Finden Sie Unterbaugruppen am Werkstück. Nutzen Sie den Zeichnungssatz.

15. Die Achse Pos. 7 ist auf beiden Seiten mit jeweils zwei Muttern versehen. Begründen Sie das.

16. Wie wird sichergestellt, dass der Deckel leichtgängig geöffnet und geschlossen werden kann?

17. Erläutern Sie die drei Symbole zum stoffschlüssigen Fügen.

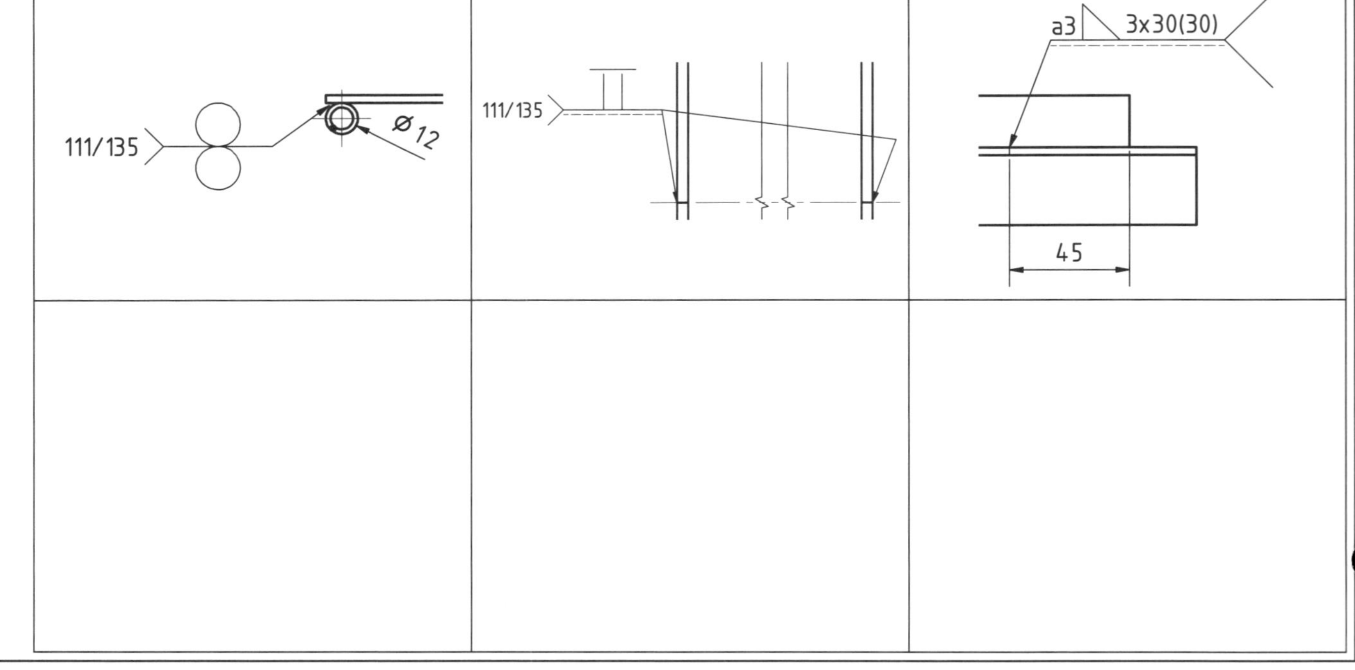

18. Erstellen Sie einen Montageplan zur Herstellung der Unterbaugruppe gemäß Zeichnungsblatt 2. Alle Einzelteile liegen fertig vorbereitet zum Fügen vor.
(Formular „Arbeitsplan/Montageplan" siehe S. 108)

19. Wie stellt man sicher, dass die Bohrungen in den beiden Pos. 6 Lager nach der Montage fluchten?

20. Im Schriftfeld gibt es die Angabe ISO 13920 B. Was regelt diese Norm?

21. Wie groß ist der Mindestabstand der beiden Pos. 6 Lager? Begründen sie Ihren Zahlenwert.

22. Erstellen Sie einen Arbeitsplan für die Herstellung von Pos. 1 Konsole links. Verwenden Sie das Formular „Arbeitsplan/Montageplan".

23. Errechnen Sie für den Zusammenbau aus Pos. 9 und zwei Stück Pos. 8 das Höchst- und Mindestmaß. Verwenden Sie dafür die Toleranzangaben aus der Zeichnung.

Toleranzangabe zu Pos. 9:

Toleranzangabe zu Pos. 8:

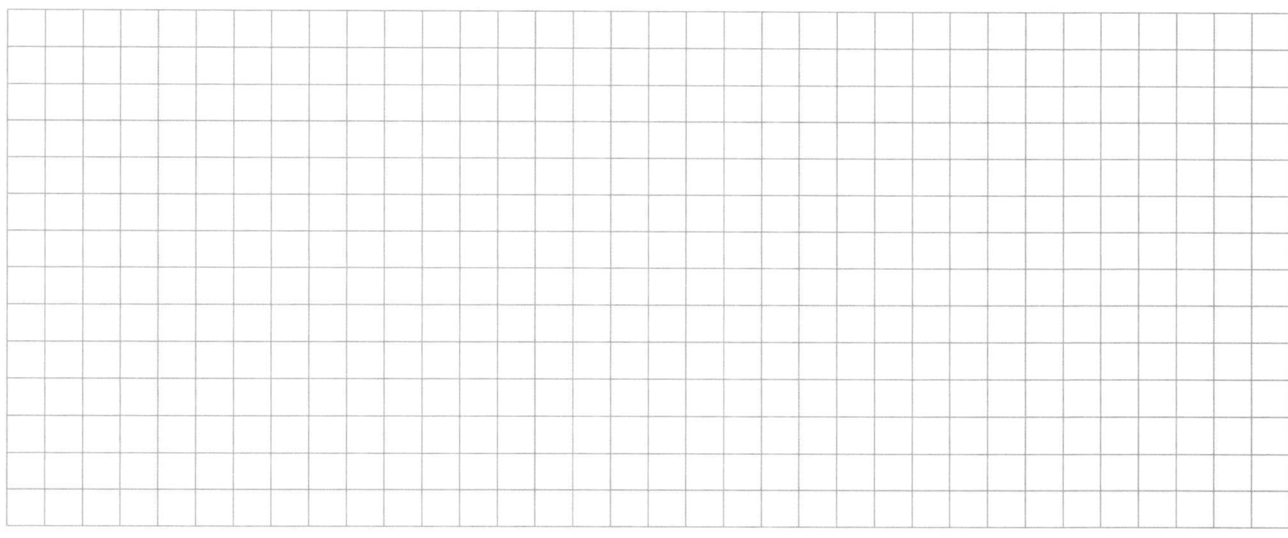

24. Wie groß ist das Mindestspiel aus den Ergebnissen von Aufgabe 21 und 23?

	Abfallsammler	
	Übungen zum Zeichnungslesen	
Name:	Klasse:	Datum:

25. Erläutern Sie die Möglichkeiten gestreckte Längen, d. h. Rohmaße, von Umformteilen zu errechnen.

26. Ermitteln Sie die gestreckte Länge des Werkstücks. Ergänzen Sie gegebenenfalls die Bemaßung!

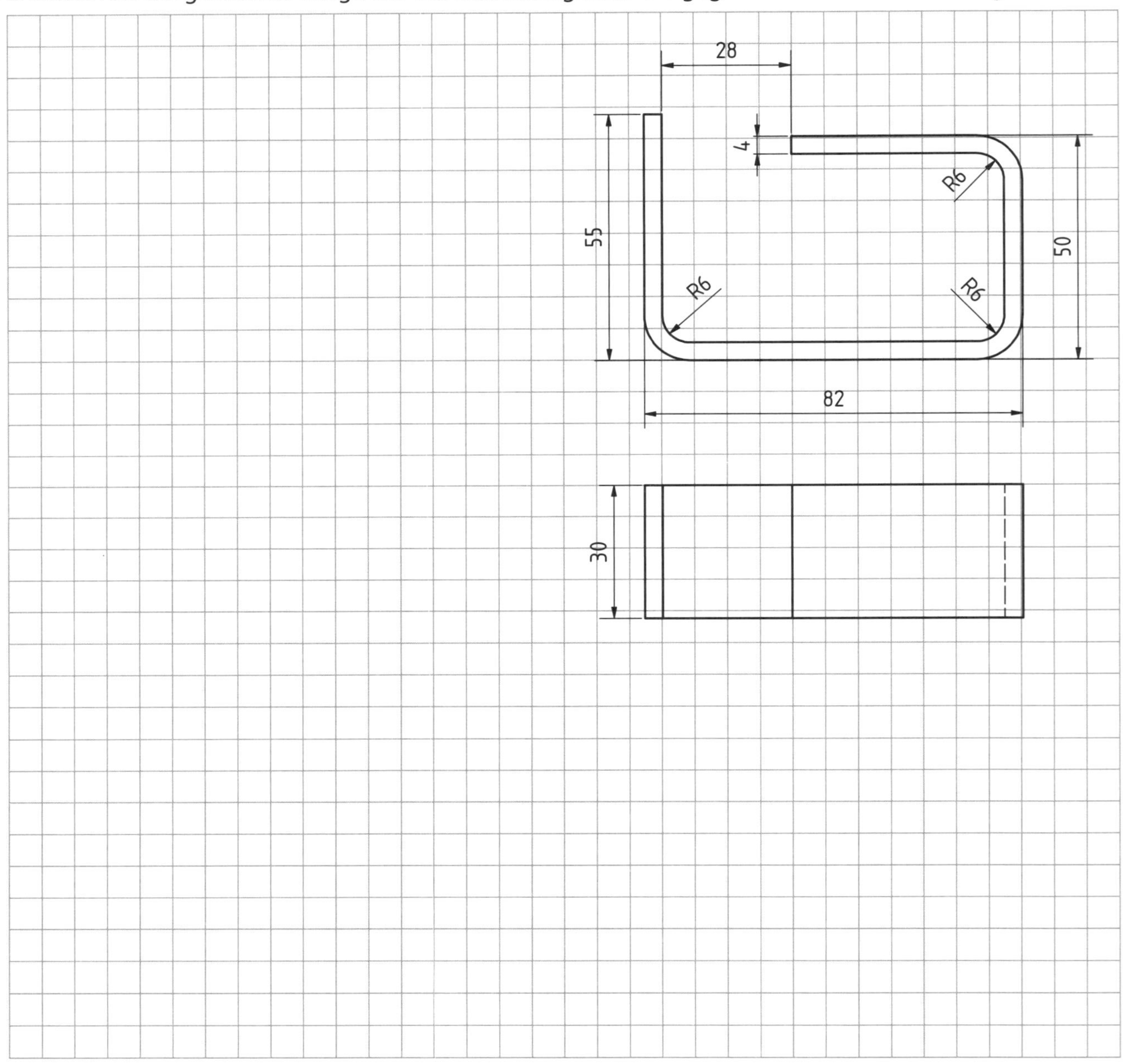

27. Zeichnen Sie die Abwicklung des Werkstücks aus Aufgabe 26 im Maßstab 1 : 1. Bemaßen Sie normgerecht. Verwenden Sie einen Zeichenkarton.

28. An den Konsolen Pos. 1 und Pos. 2 finden Sie die Anmerkung „Handsägeschnitt sichtbar".
Begründen Sie, warum es sinnvoll sein kann, die Schenkel von Pos. 1 und 2 erst am Schluss zu sägen.

29. Benennen Sie Kriterien, die das fertige Stück erfüllen muss.

30. Wie groß ist die Toleranz für das Maß 10 beim Fügen von Pos. 1 und 6? Begründen Sie Ihre Lösung.

31. Wie groß ist die Toleranz für das Maß 320 an Pos. 1 Konsole? Begründen Sie Ihre Lösung.

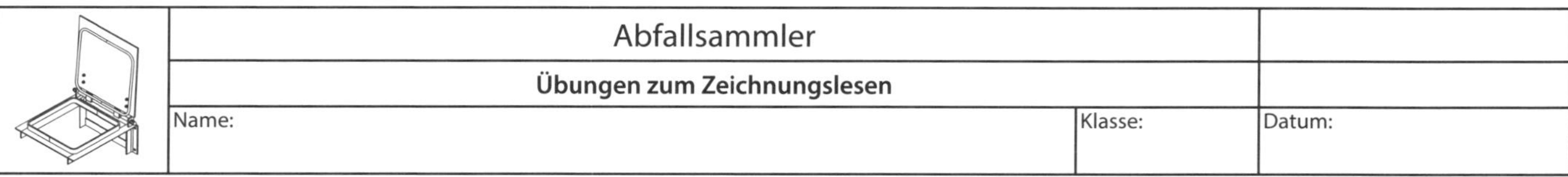

Nachdem Sie Ihre Lösung mit dem Vorschlag ab Seite 89 verglichen haben und Unklarheiten beseitigt sind, bearbeiten Sie nun die Planungsaufgaben im nächsten Abschnitt. Achten Sie möglichst genau darauf, die Zeitvorgabe von 90 Minuten einzuhalten.

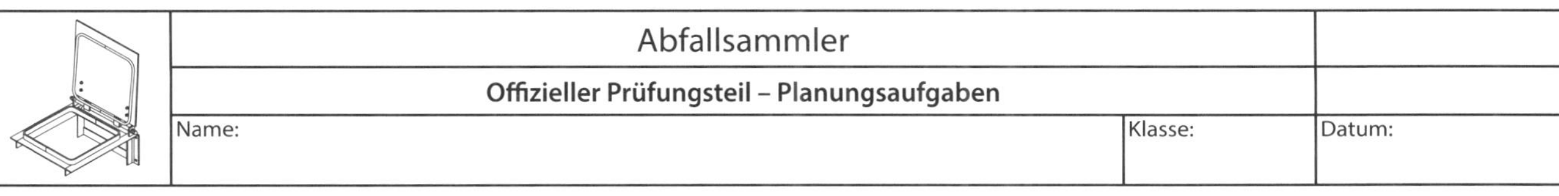

Hinweise zur Durchführung der Prüfung

Zugelassene Hilfsmittel: Tabellenbuch Metallbau, welches im Unterricht verwendet wurde

Zur Erstellung der Lösung wurde verwendet:
Moos, Wagenleiter, Wollinger,
Tabellenbuch Metallbau, Konstruktionstechnik, Feinblechbau
Hamburg 2015 (5. überarbeitete und erweiterte Auflage)
Verlag Handwerk und Technik

Bearbeitungszeit: 90 Minuten

Bepunktung: Die zu erreichenden Punkte stehen am Rand unten im Kasten neben der Aufgabe.

Gewichtung: Dieser Prüfungsteil geht mit einer Gewichtung von 25 % in den Teil 1 der Gesellenprüfung ein.

Anzahl der Blätter: 9 (von Seite 71 bis 79)

Erreichte Punkte:	%
(Name / Unterschrift: Erstkorrektor)	
(Name / Unterschrift: Zweitkorrektor)	

Die Auswertung erfolgt nach dem IHK-Schlüssel:

0–29	30–49	50–66	67–80	81–91	92–100
ungenügend	mangelhaft	ausreichend	befriedigend	gut	sehr gut

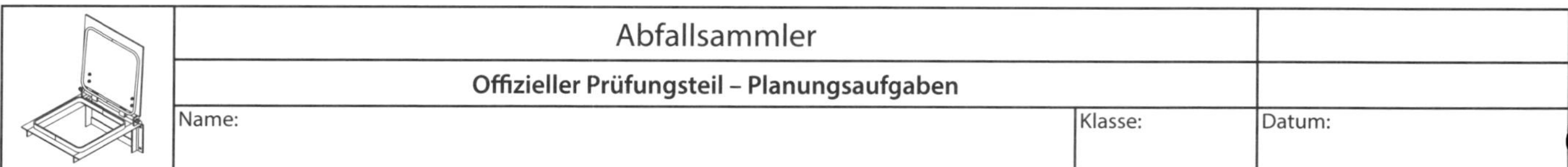

1. Ordnen Sie die Positionsnummern aus der Stückliste den beiden Ansichten zu.

7 P.

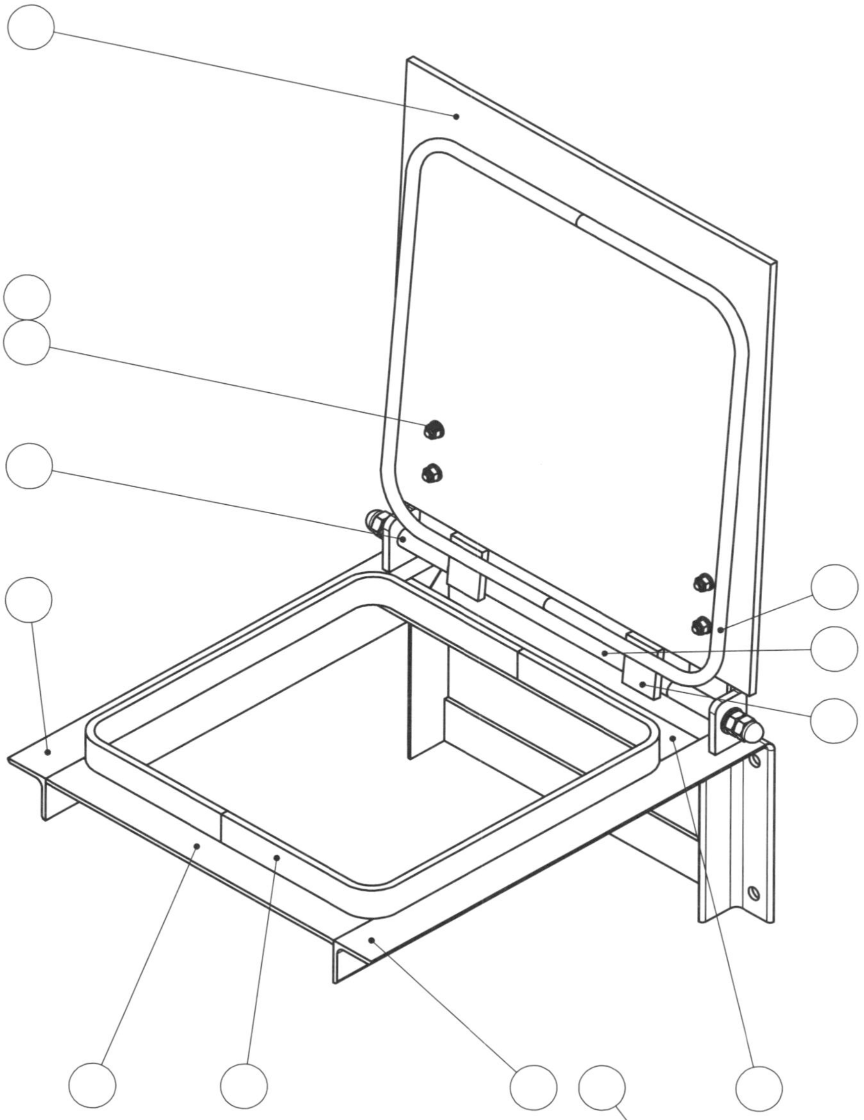

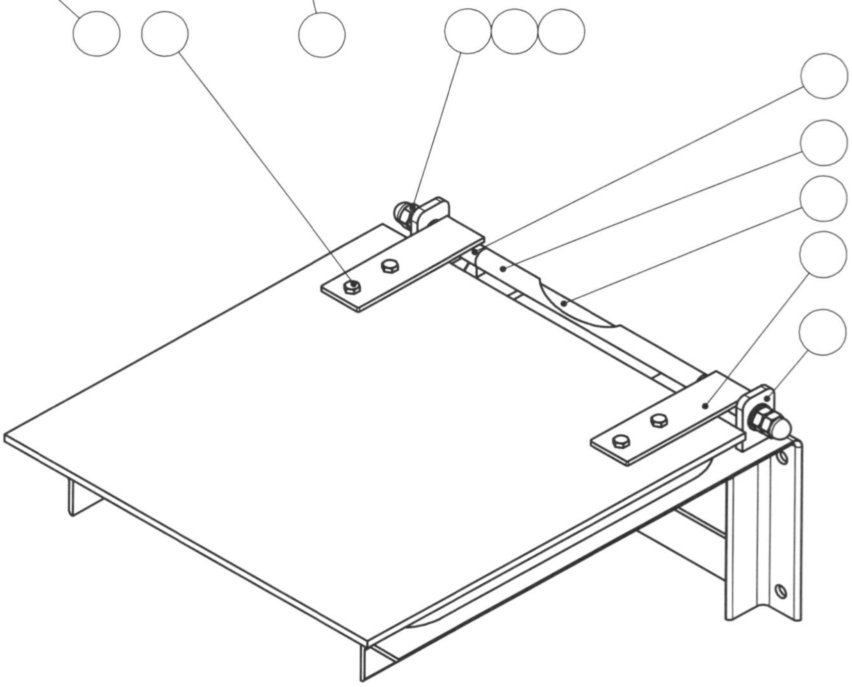

	Abfallsammler	
	Offizieller Prüfungsteil – Planungsaufgaben	
	Name:	Klasse:	Datum:

2. Der Abfallsammler ist für Mülltüten, z. B. gelber Sack, vorgesehen. Beschreiben Sie, wie man eine Mülltüte im Abfallsammler befestigt.

3 P.

3. Berechnen Sie die gestreckte Länge für die Konsole links Pos. 1.

10 P.

4. Die Rohteile müssen zum Biegen ausgeklinkt werden. Da kein Klinker verwendet werden kann, wird gebohrt und gesägt.

4.1. Bestimmen den Bohrdurchmesser.

5 P.

Name:	Klasse:	Datum:

4.2. Skizzieren Sie die noch ungebogene Konsole links Pos. 1 mit der Klinkstelle. Bemaßen Sie die Skizze.

5 P.

5. Es sollen 20 Abfallsammler gefertigt werden.

5.1. Berechnen Sie die Masse für alle dazu benötigten Konsolen. Verwenden Sie die Länge gemäß Stückliste.

6 P.

5.2. Wie viele 6-m-Längen des Winkelstahls müssen bestellt werden, wenn man die Sägeschnitte mit je 3 mm berücksichtigt?

4 P.

Name:	Klasse:	Datum:

6. Nach dem Biegen messen Sie die Auskragung beider Konsolen. Sie stellen als Ismaße fest: Konsole links: 320,8, Konsole rechts: 319,5.

6.1. Genügen die beiden Maße der Toleranz? Begründen Sie Ihre Lösung. 5 P.

6.2. Werden Sie die beiden Konsolen unverändert verbauen? Begründen Sie Ihre Antwort. 5 P.

7. Tragen Sie in die Darstellung die dort sichtbaren Kehlnähte als Schweißraupen ein. Bemaßen Sie. 10 P.

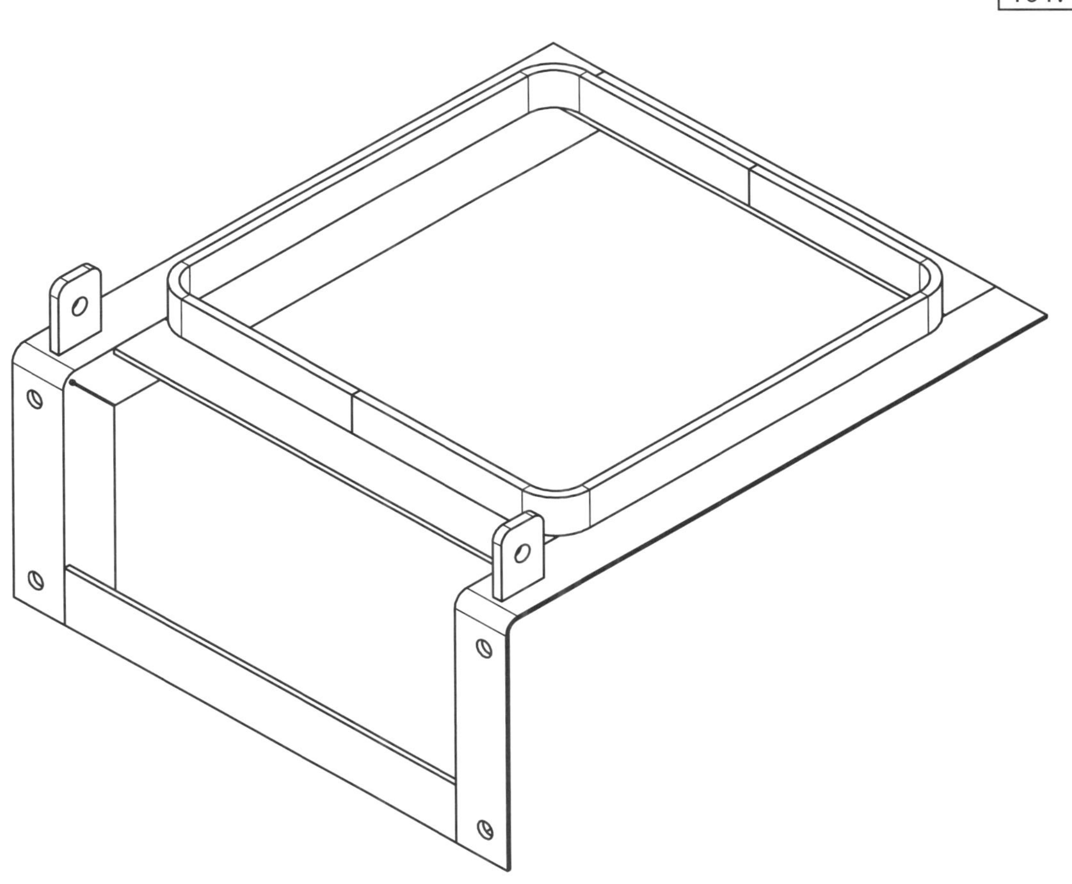

Name:	Klasse:	Datum:

8. Die beiden Konsolen müssen für die Befestigung an einer Wand gebohrt werden.

8.1. Berechnen Sie die Drehzahl für einen HSS Bohrer. 9 P.

8.2. An der Bohrmaschine sind nur die Drehzahlen 200 – 400 – 800 – 1200 – 1800 – 2500 min^{-1} einstellbar. Welche Drehzahl stellen Sie ein? Begründen Sie Ihre Antwort. 1 P.

9. Skizzieren und erläutern Sie das Schweißsymbol für das Fügen der beiden Rahmenteile Pos. 4 miteinander. 10 P.

10. Sowohl der Haltering als auch der Deckel sind nach der ersten Montage schwergängig beim Abheben.

10.1. Welche Ursachen kann das haben? 5 P.

10.2. Machen Sie Vorschläge zur Abhilfe. 5 P.

11. Der Haltering ist verbogen und soll ersetzt werden. Beschreiben Sie den Vorgang der Demontage. Benennen Sie auch die dafür erforderlichen Werkzeuge. 10 P.

12. Der Abfallsammler soll an einer Wand aus Hochlochziegeln befestigt werden. Es sollen Spreizdübel Fischer SX verwendet werden.

12.1. Wählen Sie aus der Tabelle auf der folgenden Seite eine geeignete Größe aus. Begründen Sie Ihre Wahl. 2 P.

12.2. Schlagen Sie eine geeignete Schraube vor. 1 P.

12.3. Beschreiben Sie die Montage. Erwähnen Sie auch Werkzeuge Bohrdurchmesser und Tiefe. 7 P.

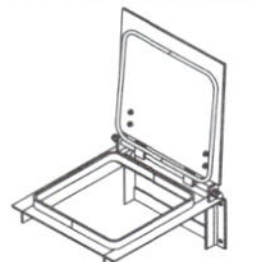

Abfallsammler

Offizieller Prüfungsteil – Planungsaufgaben

Name: | Klasse: | Datum:

Schnittzeichnung

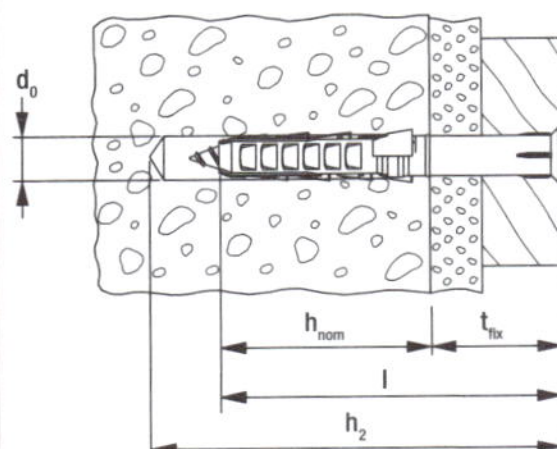

Anwendungen

- Fassaden-, Decken- und Dachunterkonstruktionen aus Holz oder Metall
- Fenster
- Tore und Türen
- Kanthölzer

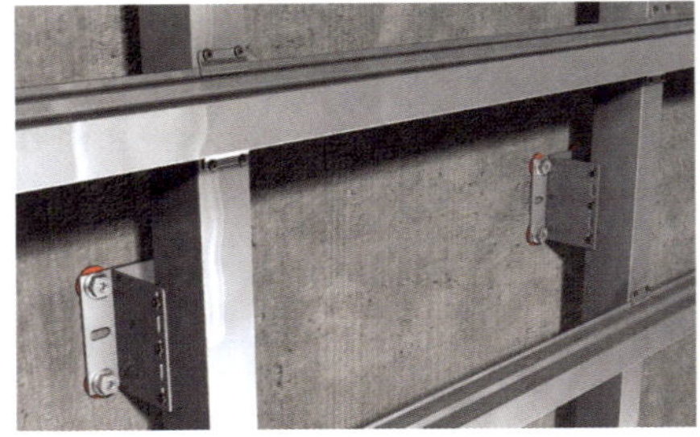

Montage

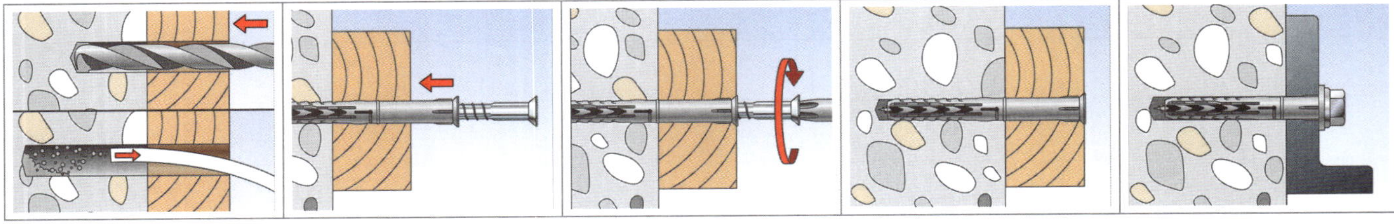

Technische Daten

Artikelbezeichnung	Art.-Nr.	Bohrer ∅ d_0 [mm]	Min. Bohrlochtiefe bei Durchsteckmontage h_2 [mm]	Min. Verankerungstiefe h_{nom} (h_v) [mm]	Dübellänge l [mm]	Schraubendurchmesser d_s [mm]	Min. Schraubenlänge l_s [mm]	Max. Dicke des Anbauteils t_{fix} [mm]	Verkaufseinheit [Stück]
SXR – ohne Schraube[1]									
SXR 6 x 35	503228	6	45	30	35	4,5	40	5	100
SXR 6 x 50	503229	6	60	30	50	4,5	55	20	100
SXR 6 x 60	503230	6	70	30	60	4,5	65	30	100
SXR 8 x 60	506194	8	70	50	60	5,5–6,0	65	10	100
SXR 8 x 80	506196	8	90	50	80	5,5–6,0	85	30	100
SXR 8 x 100	506198	8	110	50	100	5,5–6,0	125	50	100
SXR 8 x 120	506199	8	130	50	120	5,5–6,0	105	70	100
SXR-Z – mit galvanisch verzinkter Senkkopfschraube für Kreuzschlitz PZ-Bit[1), 2)]									
SXR 6 x 60 Z	503233	6	70	30	60	Antrieb PZ2		30	50

[1)] ohne Zulassung
[2)] nicht vormontiert

Artikelbezeichnung	Stahl, galvanisch verzinkt Art.-Nr. gvz	nicht rostender Stahl Art.-Nr. A4	Zulassung ETA	Bohrer ∅ d_0 [mm]	Min. Bohrlochtiefe bei Durchsteckmontage h_2 [mm]	Min. Verankerungstiefe h_{nom} (h_v) [mm]	Dübellänge l [mm]	Max. Dicke des Anbauteils t_{fix} [mm]	Antrieb	Verkaufseinheit [Stück]
SXR-T – mit fischer Sicherheitsschraube										
SXR 8 x 60 T	502999	–	■	8	70	50	60	10	T30	50
SXR 8 x 80 T	503000	–	■	8	90	50	80	30	T30	50
SXR 8 x 100 T	503001	–	■	8	110	50	100	50	T30	50
SXR 8 x 120 T	503002	–	■	8	130	50	120	70	T30	50
SXR 10 x 80 T	046263	046272	■	10	90	50	80	30	T40	50
SXR 10 x 100 T	046264	046274	■	10	110	50	100	50	T40	50
SXR 10 x 120 T	046265	046278	■	10	130	50	120	70	T40	50
SXR 10 x 140 T	046266	046279	■	10	150	50	140	90	T40	50
SXR 10 x 160 T	046267	046283	■	10	170	50	160	110	T40	50
SXR 10 x 180 T	046268	046285	■	10	190	50	180	130	T40	50
SXR 10 x 200 T	046269	046286	■	10	210	50	200	150	T40	50
SXR 10 x 230 T	046270	046287	■	10	240	50	230	180	T40	50
SXR 10 x 260 T	046271	046288	■	10	270	50	260	210	T40	50

Name: | Klasse: | Datum:

13. Erläutern Sie die Werkstoffangabe für den Deckel Pos. 11.

7 P.

14. Im Deckel sind Bohrungen zu fertigen.

14.1. Welche Besonderheiten sind zu berücksichtigen?

3 P.

14.2. Ermitteln Sie die Drehzahl für einen zur Herstellung der Bohrungen geeigneten Bohrer.

7 P.

Abfallsammler	
Fertigung, Vorbereitung	
Name:	Klasse:	Datum:

Die Fertigung dieses Werkstücks wird voraussichtlich mehr Zeit als die offizielle Prüfungsdauer von fünf Stunden beanspruchen.
Für unsere Übung stellen Sie sich das Material wieder selbst zusammen.

Pos.	Anz.	Benennung	Norm- Kurzbezeichnung	Kommentar
1	1	Konsole links	L EN 10 056-1 - 30x30x3-700 - S235JR	
2	1	Konsole rechts	L EN 10 056-1 - 30x30x3-700 - S235JR	
3	3	Strebe	Fl EN 10 058 - 30x3x230 - S235JR	
4	2	Rahmen	Fl EN 10 058 - 20x5x480 - S235 JR	
5	2	Haltering	Rd EN 10 060 - 8x550 - S235JR	
6	2	Lager	Fl EN 10 058 - 25x5x35 - S235 JR	
7	1	Achse	Rd EN 10 278 - 8x295 - S235JR	
8	2	Hülse außen	Rohr EN 10 220 - 12x1,8x40 - S235JR	
9	1	Hülse Mitte	Rohr EN 10 220 - 12x1,8x175 - S235JR	
10	2	Verbinder	Fl EN 10 058 - 25x5x35 - S235 JR	anpassen!
11	1	Deckel	Tafel 290x300x5 - PE-HD	o.ä.
12	2	Band	Fl EN 10 058 - 30x3x100 - S235JR	
13	4	Sechskantschraube	ISO 4017 - M5 x 16 - 4.6	
14	4	Scheibe	ISO 7089 - 5 - 200 HV	
15	4	Sechskantmutter	ISO 4032 - M5 - 6	
16	2	Scheibe	ISO 7089 - 8 - 200 HV	
17	2	Sechskantmutter	ISO 4032 - M8 - 6	
18	2	Hutmutter	DIN 1587 - M8 - 6	

Sie arbeiten im Bankraum inklusive Schweißplatz. Weiter muss eine Biegevorrichtung, ein „Gressel-Bieger" beispielsweise, vorhanden sein. Die Verwendung eines Winkelschleifers ist nicht vorgesehen.

Schlosserhammer 500 g	Anreißwerkzeug
Handbügelsäge mit Ersatzblatt	Bohrer ø 2 mm, ø 4,2 mm, ø 8,4 mm
Flachfeilen 300 mm, Hieb 1 und Hieb 3	Kegelsenker 90° für ø 4 – 9 mm
Rundfeilen 200 mm, Hieb 1 – 6 mm	Gewindebohrer M5, mit Windeisen Gr. 1
Messschieber 0 – 150 mm	Schneideisen M8, mit passendem Windeisen
Stahlmaßstab 300 mm	Schneidöl
Winkelmesser	2 Stück Gabelschlüssel SW 13
Anschlagwinkel 200 x 130 mm	Elektroden ø 2,5 mm, wahlweise ø 2,0 mm (ca. 15 Stck.)
Flachwinkel 150 mm	4 Schraubzwingen ca. 300 mm
Anschlaggehrungswinkel 45°	Arbeitskleidung, Sicherheitsschuhe, PSA zum Schweißen
Körner	alternativ: Ausrüstung für MAG-Schweißen

Direkt im Anschluss an die Fertigung führen Sie selbst die Qualitätskontrolle an Ihrem Werkstück durch. Hier kommt es darauf an, zu klären, ob Ihr Werkstück den Anforderungen entspricht. Begründen Sie Entscheidungen, ob etwas „gut", „Ausschuss" oder nachzuarbeiten ist. Machen Sie Vorschläge zur eventuellen Nacharbeit. Punkte gibt es in diesem Prüfungsteil nicht dafür, dass ein Detail „richtig" ist, sondern dafür, dass Sie das Stück richtig beurteilen, d.h. dass Sie erkennen, ob z. B. ein Maß in der Toleranz liegt oder eben nicht.
Sehen Sie sich zur Vorbereitung den Mustervorschlag auf Blatt 20 an.

Das Formular „Offizieller Prüfungsteil: Qualitätskontrolle" für den Abfallsammler finden Sie auf Seite 82.

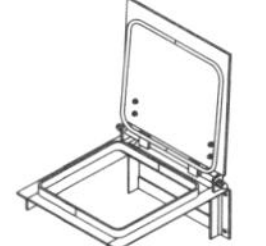

Abfallsammler	
Beispiel: Qualitätskontrolle	
Name:	Klasse:	Datum:

Bewerten Sie die Qualität Ihrer Arbeit. Finden Sie zunächst die noch fehlenden Toleranzen für Teil B Maßkontrolle und tragen Sie sie ein. Prüfen Sie dann die Funktion, bewerten Sie die Maßhaltigkeit, indem Sie erreichte Maße mit den Toleranzen vergleichen.

Sofern das Stück an der Prüfstelle nicht den Anforderungen entspricht, machen Sie wenn möglich einen Vorschlag zur Nacharbeit. Wenn das nicht geht, beschreiben Sie die Ursache des Mangels. Nur wenn alles in Ordnung ist, bleibt die breite Spalte frei.

Punkte erhalten Sie, wenn Sie das Stück richtig beurteilen, ob es richtig gefertigt wurde, interessiert in diesem Teil nicht.

A Funktions- und Sichtkontrolle					
Prüfvorgang	gut	Ausschuss	Nacharbeit	Nachbearbeitungsvorschlag bzw. Mängelursache beschreiben	Punkte (Prüfer!)
Funktion der beweglichen Teile, bewegen sich Deckel und Haltering frei.			X	Beide Teile drehen leicht, aber: Der Haltering klemmt am Rahmen, weil er in falscher Position verschweißt ist. Nähte auftrennen und neu verschweißen.	10
Winkligkeit der Konsolen	X			*Prüfer: Beide Konsolen haben laut Anschlagwinkel 90°, ok!*	10
Parallelität Pos. 5 zu Pos. 1, 2 und 3			X	Haltering windschief, kann nicht plan aufliegen. Richten oder neu fertigen, gleichzeitig Höhe Bohrungen Pos. 6 korrigieren	10
Pos. 11 schließt mit Pos. 4 dichtend ab		X		Bohrungen in Pos. 6 etwas zu hoch, Deckel liegt nur vorne auf, eventuell Pos. 6 neu fertigen	10
Beurteilen Sie ihre Schweißarbeiten	X			*Prüfer: Alle I-Nähte sind nur teilweise oder gar nicht eingeebnet, was so nicht vorgesehen ist. Deshalb null Punkte!*	0

B Maßkontrolle									
Pos.	Prüfvorgang	N	T	vom Prüfling gemessen	gut	Ausschuss	Nacharbeit	Prüfer	
1	Biegearbeit, Auskragung	320	±0,5	321			X	321	10
6/6	Lichter Abstand	255	±2	253	x			252,5	0
6/1 6/2	Abstand	10	±0,5	10/10,1	X			10/10,1	10
9	Länge	175	−0,5 −1,0	175	X			175 Toleranz!	0
11	Lage der Bohrungen Ø 5,5 mm	215	±0,5	215,3	X			215	10
Je 10 Punkte pro Prüfpunkt				gesamt Punkte von 100 =					70 %

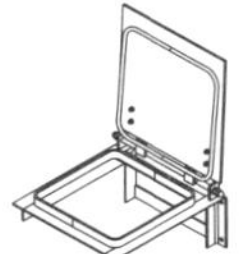

Abfallsammler		
Offizieller Prüfungsteil: Qualitätskontrolle		
Name:	Klasse:	Datum:

Bewerten Sie die Qualität Ihrer Arbeit. Finden Sie zunächst die noch fehlenden Toleranzen für Teil B Maßkontrolle und tragen Sie sie ein. Prüfen Sie dann die Funktion, bewerten Sie die Maßhaltigkeit, indem Sie erreichte Maße mit den Toleranzen vergleichen.

Sofern das Stück an der Prüfstelle nicht den Anforderungen entspricht, machen Sie wenn möglich einen Vorschlag zur Nacharbeit. Wenn das nicht geht, beschreiben Sie die Ursache des Mangels. Nur wenn alles in Ordnung ist, bleibt die breite Spalte frei.

A Funktions- und Sichtkontrolle					
Prüfvorgang	gut	Ausschuss	Nacharbeit	Nachbearbeitungsvorschlag bzw. Mängelursache beschreiben	Punkte (Prüfer!)
Funktion der beweglichen Teile, bewegen sich Deckel und Haltering frei.					
Winkligkeit der Konsolen					
Parallelität Pos. 5 zu Pos. 1, 2 und 3					
Pos. 11 schließt mit Pos. 4 dichtend ab					
Beurteilen Sie ihre Schweißarbeiten					

B Maßkontrolle									
Pos.	Prüfvorgang	N	T	vom Prüfling gemessen	gut	Ausschuss	Nacharbeit	Prüfer	
1	Biegearbeit, Auskragung	320							
6/6	Lichter Abstand	255							
6/1 6/2	Abstand	10							
9	Länge	175							
11	Lage der Bohrungen Ø 5,5 mm	215							
Je 10 Punkte pro Prüfpunkt							gesamt Punkte von 100 =		%

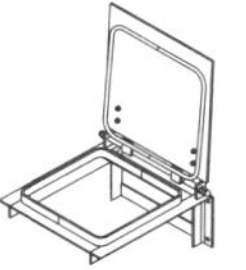

Abfallsammler	
Auswertung und Beurteilung durch den Prüfungsausschuss	
Name:	Klasse:	Datum:

Beurteilen Sie Ihr Stück zusammen mit einer Hilfsperson.

1. Montage und Funktion

Nr.	Pos.	Prüfvorgang	Punkte **0 bis 10**
01	1 – 18	Gesamteindruck, zeichnungsgerecht gefertigt, montiert und entgratet, Lage der Konsolen, eventuell spiegelverkehrt?	
02	1 – 18	Funktion der beweglichen Teile	
03	11 zu 4	Deckel schließt	

2. Schweißen / Fügen

Nr.	Pos.	Prüfvorgang	Punkte **0 bis 10**
04	5 an 1, 2 und 3	Ebenheit / Auflage Haltering	
05	4 an 1, 2 und 3	Ausführung der Schweißnähte, Vormaß, Abstand	
06	4 an 4	Ausführung der Schweißnähte	

3. Grundfertigkeiten

Nr.	Pos.	Prüfvorgang	Punkte **0 bis 10**
07	1 und 2	Ausführung der Handsägeschnitte, gerade, winklig	
08	1 und 2	Ausführung der Biegearbeit, Sichtprüfung	
09	1 und 2	Ausführung der Biegearbeit, Winkligkeit	
10	7	Ausführung der Gewinde	
11	6	Ausführung der Radien R6 (4 Stück)	

4. Maßkontrolle

Nr.	Pos.	Prüfvorgang	Nennmaß	Toleranz	Istmaß	Punkte **0 bis 10**
12	1	Außenmaß Auskragung, Konsole links	320	± 0,5°		
13	2	Außenmaß Auskragung, Konsole rechts	320	± 0,5		
14	1/2	Abstand der Konsolen, ca. Mitte der Wandseite	290	± 2		
15	1/2	Abstand der Konsolen, ca. Mitte derAußenseite	290	± 2		
16	6/6	lichter Abstand	255	± 2		
17	6/1	Abstand Lager links	10	± 0,5		
18	6/2	Abstand Lager rechts	10	± 0,5		
19	4	Rahmen außen, 4 x messen	240	± 2		
20	5	Haltering außen, 4 x messen	270	± 2		
					Summe	
					Prozent	

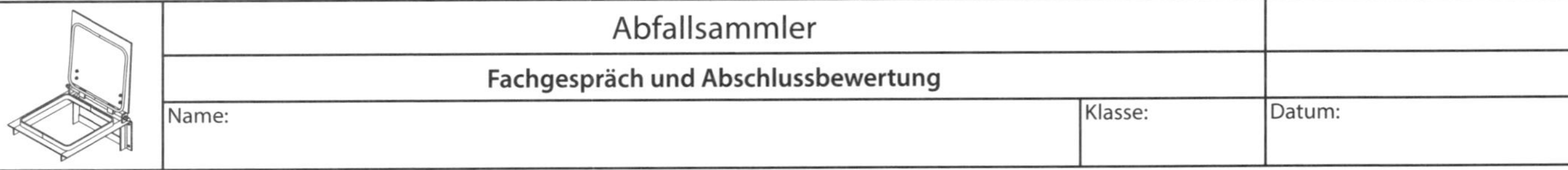

Abfallsammler

Fachgespräch und Abschlussbewertung

Name: | Klasse: | Datum:

Zum Prüfungsteil Fachgespräch verwenden Sie die Anregungen und Formulare aus dem ersten Teil zum verstellbaren Bock.

Ebenso kann auch die Abschlussbewertung mit den dort vorhandenen Formularen durchgeführt werden.

Das Fachgespräch kann entweder begleitend zur Fertigung oder an einem gesonderten Termin durchgeführt werden.

Für die Übung wird die Situation im Klassenraum nachgestellt.

Dem Prüfling gegenüber sitzt ein Prüfungssauschuss, der im besten Fall aus den beiden Lehrern, Theorie und Praxis, sowie einem Schüler besteht. Der Prüfling hat sein eigenes Werkstück vor sich. Weitere Hilfsmittel für ihn sind der Zeichnungssatz und ein Tabellenbuch. Das Klassenplenum ist angehalten, sich Notizen über gegebene Antworten und gegebenenfalls deren Ergänzung oder Korrektur zu machen.

Ablauf:

Die Fragen orientieren sich an den Seiten 85 und 86 des Schülerheftes. Als Protokollblatt genügt die Seite 87.

Als Eröffnungsfrage bewährt es sich, den Prüfling zu bitten, besonders gut gelungene Stellen an seinem Stück zu benennen. Daraus ergibt sich dann recht einfach ein Gespräch über die Fertigung dieser Stellen, denn von da aus kann man dann leicht zu konkreten Fragen überleiten. Anschließend kann der Prüfling über besondere Schwierigkeiten berichten. Es kann sich daraus eine Diskussion über Vor- und Nachteile verschiedener Herangehensweisen ergeben. Anregungen zu Fragestellungen findet man auf den o. a. Seiten.

Nur wenn es unbedingt erforderlich wird, kann der Lehrer das Gespräch für eine Metakommunikation kurz unterbrechen. Das kann z. B. dann geschehen, wenn der zu Prüfende einen Hinweis, eine Hilfe nicht versteht.

Um die vorgegebene Zeit einzuhalten ist es wichtig, einen Zeitnehmer zu bestimmen.

Nach dem Ende des Gespräches ergibt sich leicht eine Diskussion im Plenum über das Gespräch. Es werden Antworten ergänzt und korrigiert. Wenn gewünscht kann auch hier eine Note vergeben werden.

Pro 90 Minuten Block haben wir mindestens drei Gespräche samt Nachbesprechung durchführen können.

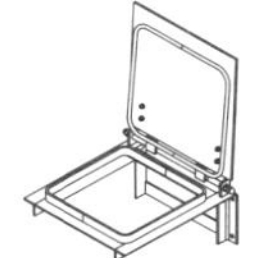

Abfallsammler	
Fragevorschläge zum Fachgespräch	
Name:	Klasse:	Datum:

- **Nicht lösbare Verbindungen – Schweißverfahren**
  Beispiel: Welche Nähte sind besonders gut gelungen? Welche Einstellungen mussten Sie treffen?
  - Schweißsymbole in den Einzelteilzeichnungen
  - Bewertung der Verfahren 111 / 135 (Anwendung, Ausrüstung, Stromquellen, Zusatzwerkstoff, schweißbare Werkstoffe, Blaswirkung und Gegenmaßnahmen)
  - UVV (persönliche Schutzmaßnahmen, Arbeitsplatz und Absaugung)

- **Lösbare Verbindungen, Schrauben, Schraubensicherung**
  Beispiel: Die Pos. 15 Sechskantmutter und die Pos. 18 Hutmutter werden beide auf das Gewinde von Pos. 7 Achse geschraubt.
  Welchen Zweck hat diese Doppelung?
  - Von der Ausgangsfrage kann man prima zu weiteren Schraubensicherungen gelangen.
  - Anzugsmoment, Aufhänger kann sein: Pos. 11 Deckel aus Kunststoff.
  - Auswahl nach Anwendung, Normung
  - Vor- und Nachteile gegenüber nicht lösbaren Verbindungen

- **Gewindeschneiden**
  Beispiel: Sie haben hier Normalgewinde geschnitten. Wie erkennt man ein Gewinde als Normalgewinde, wenn man es nicht selbst gefertigt hat?
  - Gewindeherstellung, Ablauf beschreiben
  - Gewindebezeichnungen Gewindearten
  - Mutterngewinde: Vorbohren, Bohrdurchmesser

- **Sägen**
  Beispiel: Bei der Herstellung der Einzelteile ist viel Sägearbeit zu leisten. Wie findet man das am besten geeignete Sägeblatt?
  - Anwendung von Kenntnissen über Winkel am Keil
  - Anwendung Zahnteilung
  - Freischnitt
  - Handsäge – Maschinensäge

- **Feilen**
  Beispiel: Wie haben Sie die an Pos. 6 Lager zu feilenden Radien gleichmäßig hergestellt?
  - Ausführung der Feilarbeit beschreiben (Fläche, Radius)
  - Spannen des Werkstücks

- **Bohren**
  Beispiel: Beschreiben Sie in groben Zügen, wie Sie die Bohrungen in den beiden Konsolen gefertigt haben.
  - Vorbohren
  - Bohrertypen
  - Winkel am Bohrer, spezielle Anschliffe für spezielle Anforderungen
  - Drehfrequenz in der Werkstatt ermitteln
  - Kühl-Schmierstoffe

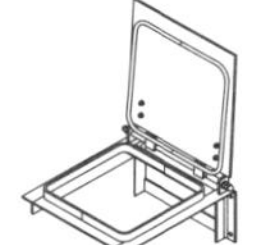

Abfallsammler		
Fragevorschläge zum Fachgespräch		
Name:	Klasse:	Datum:

- **Biegen**
  Beispiel: Die beiden Konsolen sind Biegeteile. Bewerten Sie Vor- und Nachteile dieser Konstruktion.
  - Vorgehensweise beim Ausklinken
  - Bestimmen von gestreckten Längen in der Werkstatt
  - Auswahl des Berechnungsverfahrens (neutrale Faser, Verkürzungsfaktor, Werkstattverfahren)
  - Biegeradien, Mindestbiegeradien
  - Lage der neutralen Faser
  - Risse

- **Zusammenbau/Montage**
  Beispiel: In welcher Reihenfolge haben Sie gefertigt?
  - Befestigungstechnik
  - Montagevorgänge beschreiben
  - Montagereihenfolge angeben
  - Hilfsmittel und Werkzeuge nennen
  - Vorschläge für Vorrichtungen, wenn eine kleine Serie aufgelegt werden soll

- **Arbeitsplanung**
  Beispiel: Wenn Sie zurückblicken: Hat sich Ihre Planung bewährt? Was würden Sie beim nächsten Mal anders machen?
  - Planung erläutern
  - Eigene Werkzeuge und Vorrichtungen
  - Werkstattausrüstung

- **Funktionsbeschreibung, Bewertung**
  Beispiel: Wozu wird das Werkstück dienen? Wird Ihr Exemplar dem gerecht werden?
  - Einschätzen des Gesamteindruckes
  - Funktion, d. h. hier u. a. dichtes Abschließen des Deckels, Leichtgängigkeit
  - Vorschläge zur Verbesserung des Produktes
  - Vorschläge für Nacharbeit am eigenen Werkstück

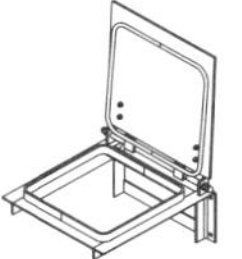

Abfallsammler	
Protokollblatt zum Fachgespräch	
Name:	Klasse:	Datum:

Das Fachgespräch soll möglichst drei der Themenbereiche unten beinhalten. Anregungen zu Inhalten gibt es auf den nächsten Seiten. Das Protokoll unten dient zur Dokumentation. Die Reihenfolge der Punkte ist willkürlich.

Fragen zu den Themenbereichen		**Geprüfte Inhalte**	erreichte Punkte
1	Planen, Arbeitsvorbereitung		
2	Manuelle Bearbeitung		
3	Maschinelle Bearbeitung		
4	Schweißen		
5	Weitere Fügetechniken		
6	Montieren		
7	Prüfen und messen		
8	Funktions- und Sichtkontrolle		
9	Unfallverhütung		
10	Arbeiten am Arbeitsplatz, Ordnung		
	Summe:		
	Ergebnis: Summe geteilt durch die Anzahl der Einzelbewertungen ergibt		

0 – 29	30 – 49	50 – 66	67 – 80	81 – 91	92 – 100
ungenügend	mangelhaft	ausreichend	befriedigend	gut	sehr gut

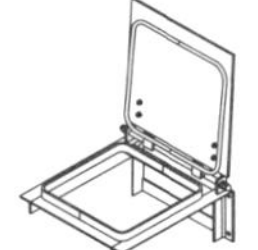

Abfallsammler	
Auswertung der Prüfung	
Name: Klasse:	Datum:

Nachdem Sie nun alle Prüfungsteile hinter sich gebracht haben, können Sie sich eine Note geben, wenn Sie das wünschen.

Prüfungsteil:		Richtwerte für:		Gewichtung nach VO
		Zeit	Gewichtung	
Arbeitsaufgabe	Planungsaufgaben (Theorieanteil)	90 min	25 %	85 %
	Fertigung	300 min	55 %	
	Qualitätskontrolle durch den Prüfling (Prüfprotokoll)	15 min	5 %	
Fachgespräch	Bezogen auf die Arbeitsaufgabe	15 min	15 %	15 %

Beispiel:

Prüfungsteil	erreicht	Gewichtung	Punkte
Planungsaufgaben	66 %	25%	16,5
Fertigung	85 %	55%	46,8
Qualitätskontrolle	100 %	5%	5,0
Fachgespräch	50 %	15%	7,5
			75,8

Dieser Kandidat hätte ein befriedigendes Ergebnis erreicht.
Für den zweiten Teil der Gesellenprüfung nimmt er 30 % dieser Punkte mit. Das wären dann also 22,74 %.

Tragen Sie nun unten Ihre Ergebnisse ein.

Prüfungsteil	erreicht	Gewichtung	Punkte
Planungsaufgaben		25%	
Fertigung		55%	
Qualitätskontrolle		5%	
Fachgespräch		15%	

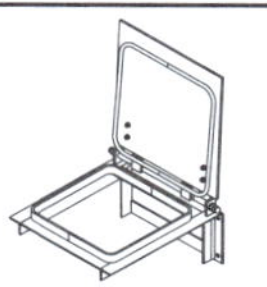

Lösungsvorschlag: Abfallsammler	
Übungen zum Zeichnungslesen	
Name:	Klasse:	Datum:

1. Ordnen Sie die Positionsnummern aus der Stückliste den beiden Ansichten zu.

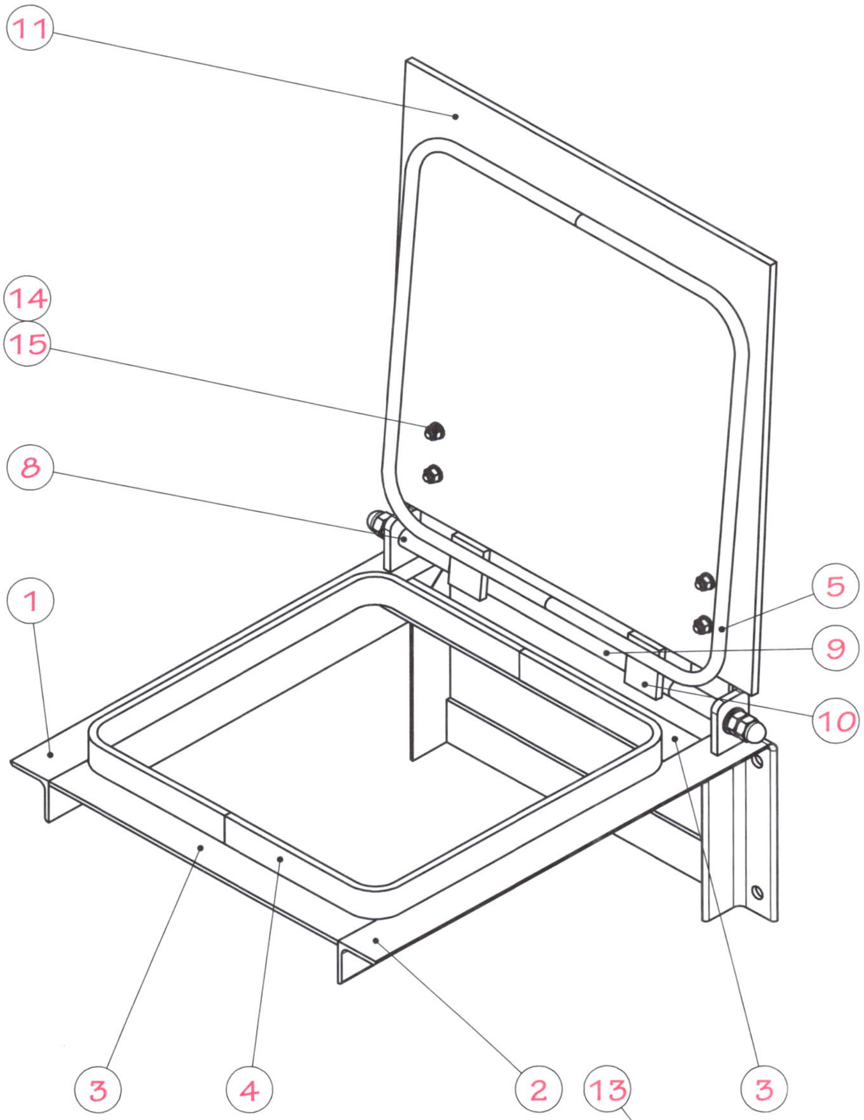

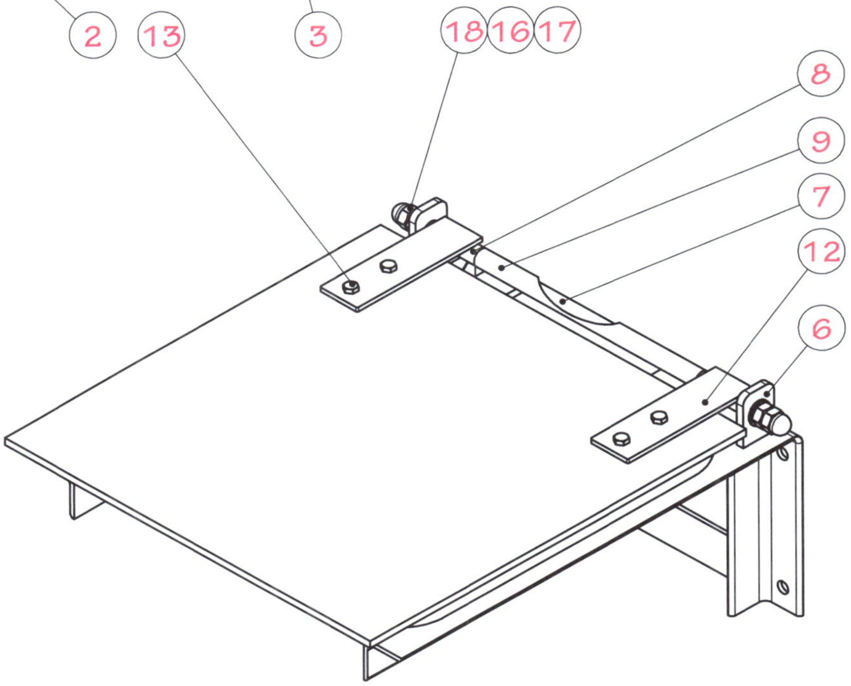

	Lösungsvorschlag: Abfallsammler	
	Übungen zum Zeichnungslesen	
	Name: Klasse:	Datum:

2. Zum Öffnen kann man den Deckel an der Vorderkante anheben. Welches Bauteil bildet die Drehachse?

Der Deckel dreht sich samt Haltering um Pos. 7 Achse

3. Welche Bauteile, Benennung und Pos. Nr., drehen sich gemeinsam mit dem Deckel um die o. a. Drehachse?

Pos. 8 Hülse, außen (2 Stück) Pos. 13, Sechskantschraube (4 Stück)

Pos. 14, Scheibe (4 Stück)

Pos. 12, Band (2 Stück) Pos. 15, Sechskantmutter (4 Stück)

4. Der Haltering kann angehoben werden. Welches Bauteil bildet die Drehachse?

Pos. 7 Achse

5. Welche Bauteile, Benennung und Pos. Nr. drehen sich gemeinsam mit dem Haltering um die o. a. Drehachse?

Pos. 9 Hülse Mitte

Pos. 10 Verbinder

6. Auf welche Weise ist sichergestellt, dass sich Deckel und Haltering unabhängig voneinander bewegen lassen?

Sie sind an unterschiedlichen Hülsen, die unabhängig voneinander drehen können, befestigt.

7. Beschreiben Sie, wie eine Mülltüte im Abfallsammler eingelegt und befestigt wird.

Der Deckel Pos. 11 wird zusammen mit dem Haltering Pos. 5 angehoben.

Die Mülltüte wird durch den Rahmen Pos. 4 gesteckt und das offene Ende umgeschlagen,

sodass es auf den Konsolen Pos. 1 und Pos. 2, sowie den beiden Streben Pos. 3 aufliegt.

Der Haltering wird zurückgelegt, so dass er nun den Müllsack beklemmt.

Schließlich kann man den Deckel Pos. 11 wieder auflegen.

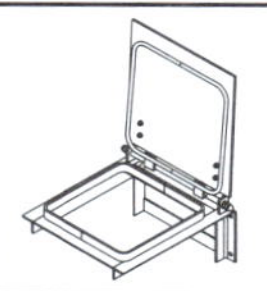

Lösungsvorschlag: Abfallsammler	
Übungen zum Zeichnungslesen	
Name:	Klasse:	Datum:

8. Aus wie vielen Einzelteilen besteht das Werkstück?

Es besteht laut Stückliste aus 18 Positionen und insgesamt 38 Einzelteilen.

9. Erläutern Sie die Angaben in der Spalte Norm- Kurzbezeichnung für die Positionen 1, 7, und 8.

9.1. Konsole links Pos. 1

Gleichschenkliger Winkelstahl mit 30 mm Schenkelbreite und 3 mm Schenkeldicke

L EN 10 056-1 – 30x30x3 – S235JR

Stahl für den Stahlbau, Mindeststreckgrenze R_e 235 N/mm², Kerbschlagarbeit 27 J bei Raumtemperatur

9.2. Achse Pos. 7

Stahlstab-Rundstab blank, $d = 8$ mm, $l = 295$ mm

Rd EN 10 278 – 8x295 – S235JR

Stahl für den Stahlbau, Mindeststreckgrenze R_e 235 N/mm², Kerbschlagarbeit 27 J bei Raumtemperatur

9.3. Hülse außen Pos. 8

Nahtloses Stahlrohr Außendurchmesser 12 mm, Wandstärke 1,8 mm, $l = 40$ mm

Rohr EN 10 220 – 12x1,8x40 – S235JR

Werkstoff: Stahl für den Stahlbau, Mindeststreckgrenze R_e 235 N/mm², Kerbschlagarbeit 27 J bei Raumtemperatur

10. Erläutern Sie die Angabe 4.6 bei der Sechskantschraube Pos. 13.

4.6: Festigkeitsklasse

Zugfestigkeit $R_m = 4 \cdot 100\ \text{N/mm}^2 = 400\ \text{N/mm}^2$

Streckgrenze $R_e = 4 \cdot 6 \cdot 10\ \text{N/mm}^2 = 240\ \text{N/mm}^2$ (oder 60 % von R_m: $400\ \text{N/mm}^2 \cdot 0{,}6 = 240\ \text{N/mm}^2$)

11. Erläutern Sie die Angabe „PE-HD" beim Deckel Pos. 11.

PE-HD: Polyetylen mit hoher Dichte

12. Alle Halbzeuge sind aus dem Werkstoff S235JR gefertigt. Erläutern Sie die Werkstoffbezeichnung.

S235JR: Stahl für den Stahlbau, Mindeststreckgrenze R_e 235 N/mm², Kerbschlagarbeit 27 J bei Raumtemperatur

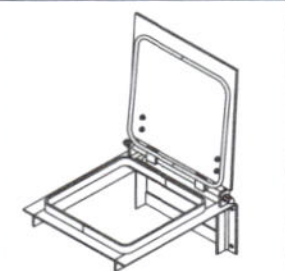

Lösungsvorschlag: Abfallsammler	
Übungen zum Zeichnungslesen	
Name:	Klasse:	Datum:

13. Benennen Sie die technologischen Eigenschaften nach DIN EN 10 025-2 des verwendeten Werkstoffes.

Schweißeignung ist gut, wichtig, weil viele Teile durch Schweißen gefügt werden

Kaltumformbarkeit ist gegeben, Haltering und Konsolen werden gebogen

Spanende Bearbeitbarkeit ist gegeben, es sind z. B. die Konsolen auszuklinken oder auch Bohrungen zu fertigen

14. Finden Sie Unterbaugruppen am Werkstück. Nutzen Sie den Zeichnungssatz.

a) Rahmen Pos. 4 aus zwei Hälften

b) Konsolen Pos. 1 und Pos. 2 mit Streben Pos .3 und Lager Pos. 6 mit Rahmen aus a)

c) Haltering Pos. 5 aus zwei Hälften mit Verbindern Pos. 10 und Hülse Mitte Pos. 9

d) Hülse außen Pos. 8 mit Band Pos. 12 (zweimal) zusammen mit Deckel Pos. 11

15. Die Achse Pos. 7 ist auf beiden Seiten mit jeweils zwei Muttern versehen. Begründen Sie das.

Die doppelte Mutter dient zum Kontern, d. h. als Sicherung gegen losdrehen. Man muss so die Muttern Pos. 17 nicht ganz fest drehen, um Beweglichkeit der Hülsen auf der Achse zu gewährleisten.

16. Wie wird sichergestellt, dass der Deckel leichtgängig geöffnet und geschlossen werden kann?

Die Muttern Pos. 17 und Pos. 18 sind gegeneinander gekontert und werden nicht fest gegen die Lager Pos. 6 gezogen. Es verbleibt Spiel. Auch die Toleranzen der Hülsenlängen ergeben Spielpassungen mit dem Lagerabstand.

17. Erläutern Sie die drei Symbole zum stoffschlüssigen Fügen.

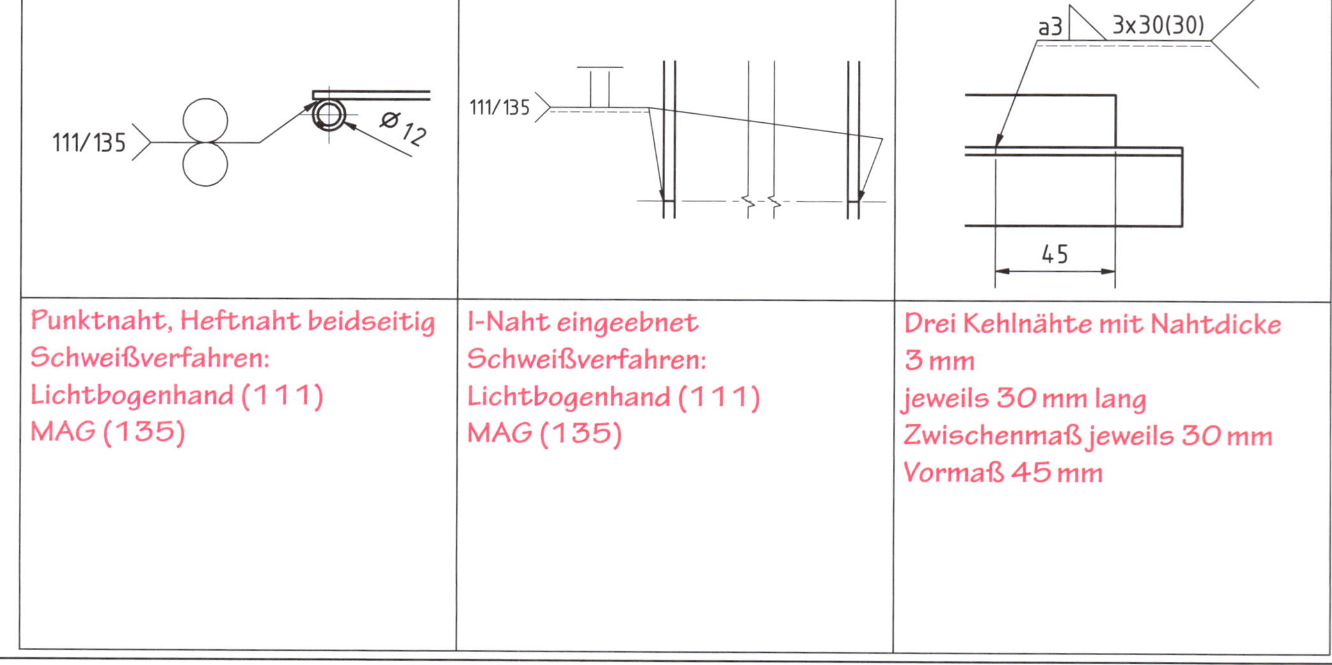

Punktnaht, Heftnaht beidseitig Schweißverfahren: Lichtbogenhand (111) MAG (135)	I-Naht eingeebnet Schweißverfahren: Lichtbogenhand (111) MAG (135)	Drei Kehlnähte mit Nahtdicke 3 mm jeweils 30 mm lang Zwischenmaß jeweils 30 mm Vormaß 45 mm

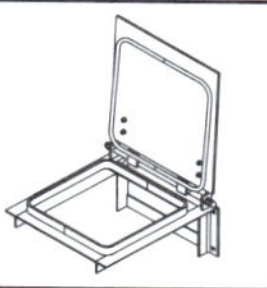

Lösungsvorschlag: Abfallsammler	
Übungen zum Zeichnungslesen	
Name:	Klasse:	Datum:

18. Erstellen Sie einen Montageplan zur Herstellung der Unterbaugruppe gemäß Zeichnungsblatt 2. Alle Einzelteile liegen fertig vorbereitet zum Fügen vor.
(Formular „Arbeitsplan/Montageplan" siehe S. 108) (Lösung auf dem Formular Seite 104.)

19. Wie stellt man sicher, dass die Bohrungen in den beiden Pos. 6 Lager nach der Montage fluchten?

Man kann die Lager im richtigen Abstand auf der Achse mithilfe der Sechskantmuttern Pos. 17 und der Hutmuttern, sowie aller Hülsen Pos. 8 und Pos. 9 befestigen. Das Spiel wird durch temporäres Zwischenlegen einer geeigneten Unterlegscheibe simuliert. Zusammen auflegen und heften.

20. Im Schriftfeld gibt es die Angabe ISO 13920 B. Was regelt diese Norm?

Hier sind die Allgemeintoleranzen für Schweißkonstruktionen festgelegt.

21. Wie groß ist der Mindestabstand der beiden Pos. 6 Lager? Begründen sie Ihren Zahlenwert.

Als Toleranz für das lichte Maß zwischen den beiden Lagern ist 255 +0,5/–1 angegeben.

Das Mindestmaß ist demnach 255 – 1 = 254 mm

22. Erstellen Sie einen Arbeitsplan für die Herstellung von Pos. 1 Konsole links.
Verwenden Sie das Formular „Arbeitsplan/Montageplan". (Lösung auf dem Formular Seite 105.)

23. Errechnen Sie für den Zusammenbau aus Pos. 9 und zwei Stück Pos. 8 das Höchst- und Mindestmaß. Verwenden Sie dafür die Toleranzangaben aus der Zeichnung.

Toleranzangabe zu Pos. 9: 175 -0,5/ -1 mm

Toleranzangabe zu Pos. 8: 40 -0,5/ -1 mm

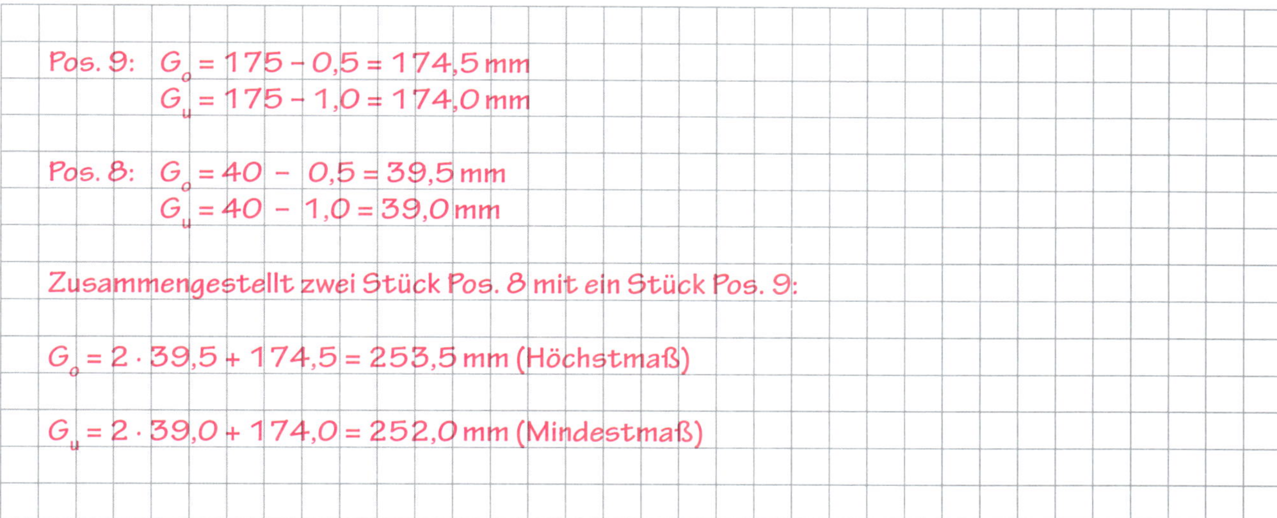

Pos. 9: $G_o = 175 - 0{,}5 = 174{,}5$ mm
$G_u = 175 - 1{,}0 = 174{,}0$ mm

Pos. 8: $G_o = 40 - 0{,}5 = 39{,}5$ mm
$G_u = 40 - 1{,}0 = 39{,}0$ mm

Zusammengestellt zwei Stück Pos. 8 mit ein Stück Pos. 9:

$G_o = 2 \cdot 39{,}5 + 174{,}5 = 253{,}5$ mm (Höchstmaß)

$G_u = 2 \cdot 39{,}0 + 174{,}0 = 252{,}0$ mm (Mindestmaß)

24. Wie groß ist das Mindestspiel aus den Ergebnissen von Aufgabe 21 und 23?

Zusammen mit dem in Aufgabe 21 bestimmten Mindestmaß zwischen den Lagern ergibt sich:

254,0 – 253,5 = 0,5 mm Spiel.

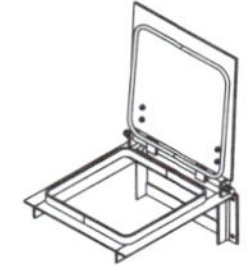

Lösungsvorschlag: Abfallsammler	
Übungen zum Zeichnungslesen	
Name:	Klasse:	Datum:

25. Erläutern Sie die Möglichkeiten gestreckte Längen, d. h. Rohmaße, von Umformteilen zu errechnen.

Länge der neutralen Faser	Verkürzungsfaktor v	Werkstatt Daumenwert
Bei relativ großen Biegeradien Die neutrale Faser liegt in der Mitte des Querschnittes, Einteilung in Abschnitte, Einzellängen addieren. Für alle möglichen Winkel.	Enge Biegeradien, Kantungen Verkürzungsfaktor v aus dem Tabellenbuch gemäß Dicke, Radius, Biegewinkel. $L = l_1 + l_2 + \ldots - n \cdot v$	Enge Biegeradien, Kantungen $L = l_1 + l_2 + \ldots - n \cdot s$ n: Anzahl der Kantungen s: Blechdicke

26. Ermitteln Sie die gestreckte Länge des Werkstücks. Ergänzen Sie gegebenenfalls die Bemaßung!

Skizze kann auch entfallen, siehe Rechnung zu l_4

Geg.: $l_1 = 55$ mm
$l_2 = 82$ mm
$l_3 = 50$ mm
$l_4 = 82 - 28 - 4 = 50$ mm
$s = 4$ mm
$v = 8{,}26$ mm
$n = 3$

Lös.: $L = 55 + 82 + 50 + 50 - 3 \cdot 8{,}26$ mm
$L = 212{,}22$ mm

Eventuell runden auf 212 mm.

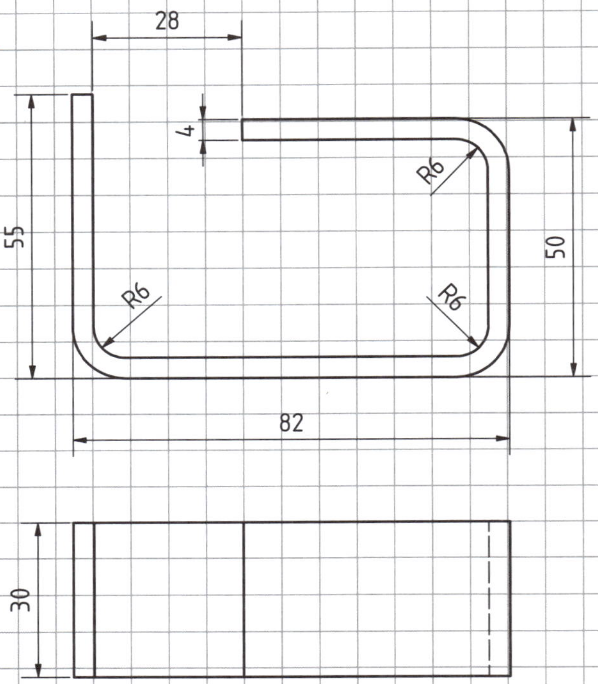

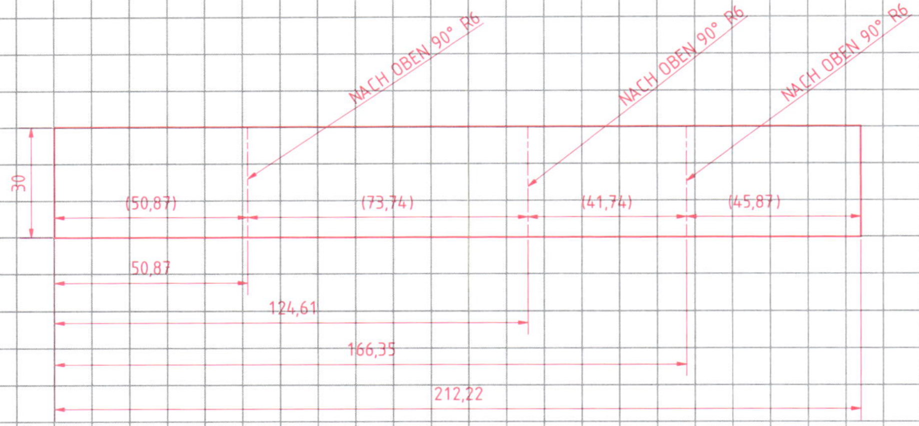

27. Zeichnen Sie die Abwicklung des Werkstücks aus Aufgabe 26 im Maßstab 1 : 1. Bemaßen Sie normgerecht. Verwenden Sie einen Zeichenkarton.

Lösung auf gesondertem Blatt anfertigen. Die Zeichnung oben ist nicht maßstabsgerecht.

Lösungsvorschlag: Abfallsammler

Übungen zum Zeichnungslesen

Name:	Klasse:	Datum:

28. An den Konsolen Pos. 1 und Pos. 2 finden Sie die Anmerkung „Handsägeschnitt sichtbar". Begründen Sie, warum es sinnvoll sein kann, die Schenkel von Pos. 1 und 2 erst am Schluss zu sägen.

Die Genauigkeit der Schenkellängen beim Biegen ist gering. Deshalb kann man Biegefehler eventuell durch Kürzen der Schenkel noch korrigieren.

29. Benennen Sie Kriterien, die das fertige Stück erfüllen muss.

Leichtgängigkeit des Deckels und des Halteringes auf der Achse

Haltering und Deckel drehen unabhängig voneinander

Haltering liegt eben und komplett auf den Konsolen und den Streben

Parallelität der Konsolen sowohl oben als auch wandseitig

Deckel liegt komplett auf dem Rahmen auf

Rechtwinkligkeit der Biegung der beiden Konsolen, dazu zusätzlich deren Biegewinkel mit gleicher Toleranzausnutzung

usw.

30. Wie groß ist die Toleranz für das Maß 10 beim Fügen von Pos. 1 und 6? Begründen Sie Ihre Lösung.

Die Toleranz ist nach ISO 13920 B zu bestimmen, weil das Maß durch Schweißen entsteht. Nach der Toleranzklasse B ist im Bereich ab 2 bis 30 mm ±1 vorgesehen. Also: G_o = 11 mm, G_u = 9 mm. Trotzdem darauf achten, dass die Toleranzausnutzung auf beiden Seiten gleich ist. Parallelität zu Pos. 3 muss erreicht werden.

31. Wie groß ist die Toleranz für das Maß 320 an Pos. 1 Konsole? Begründen Sie Ihre Lösung.

Für das Maß 320 gilt die Allgemeintoleranz nach ISO 2768 m.

Hier beträgt der Wert im Bereich über 120 bis 400 mm ±0,5.

Also: G_o = 320,5 mm, G_u = 319,5 mm

	Lösungsvorschlag: Abfallsammler	
	Offizieller Prüfungsteil – Planungsaufgaben	
	Name:	Klasse:	Datum:

1. Ordnen Sie die Positionsnummern aus der Stückliste den beiden Ansichten zu.

7 P.

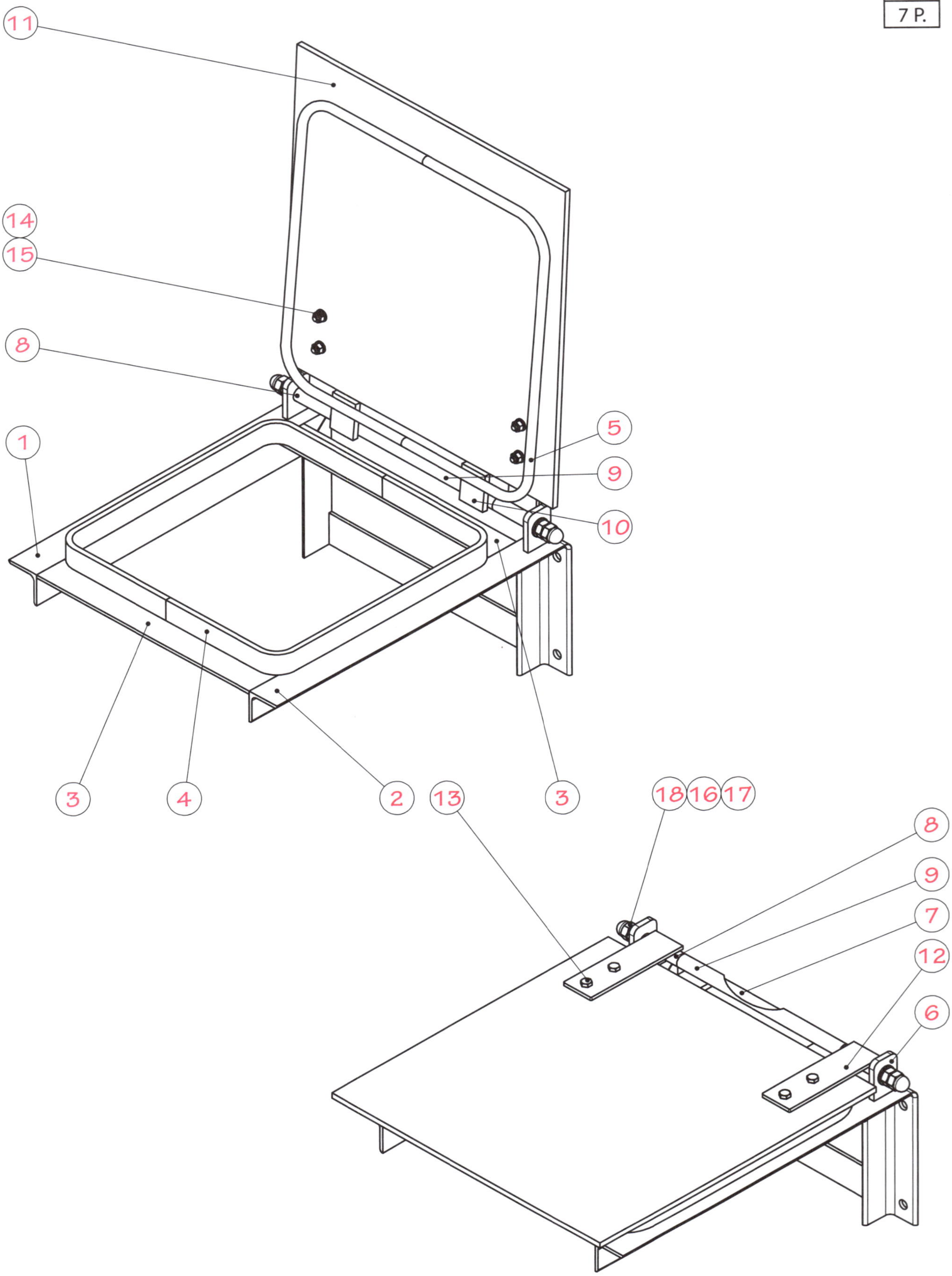

	Lösungsvorschlag: Abfallsammler	
	Offizieller Prüfungsteil – Planungsaufgaben	
	Name:	Klasse:	Datum:

2. Der Abfallsammler ist für Mülltüten, z. B. gelber Sack, vorgesehen.
Beschreiben Sie, wie man eine Mülltüte im Abfallsammler befestigt. **3 P.**

Man hebt den Deckel Pos. 11 zusammen mit dem Haltering Pos. 5 an.
Die Mülltüte wird durch den Rahmen Pos. 4 gesteckt und das offene Ende umgeschlagen,
so dass es auf den Konsolen Pos. 1 und Pos. 2 sowie auf den Streben Pos. 3 aufliegt.
Der Haltering Pos 5 wird zurück gelegt, sodass er nun den Müllsack beklemmt.
Schließlich kann man den Deckel Pos. 4 wieder auflegen.

3. Berechnen Sie die gestreckte Länge für die Konsole links Pos. 1. **10 P.**

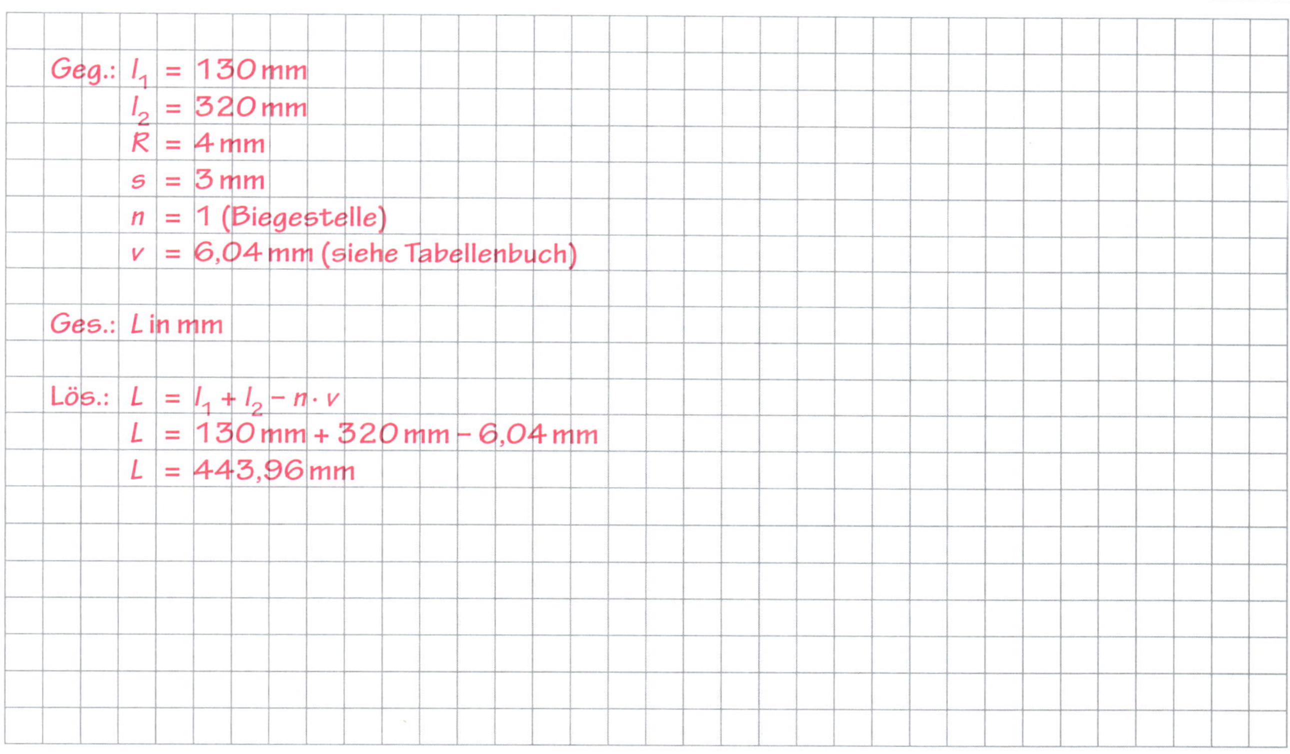

Geg.: $l_1 = 130\,\text{mm}$
$l_2 = 320\,\text{mm}$
$R = 4\,\text{mm}$
$s = 3\,\text{mm}$
$n = 1$ (Biegestelle)
$v = 6{,}04\,\text{mm}$ (siehe Tabellenbuch)

Ges.: L in mm

Lös.: $L = l_1 + l_2 - n \cdot v$
$L = 130\,\text{mm} + 320\,\text{mm} - 6{,}04\,\text{mm}$
$L = 443{,}96\,\text{mm}$

4. Die Rohteile müssen zum Biegen ausgeklinkt werden. Da kein Klinker verwendet werden kann, wird gebohrt und gesägt. **5 P.**

4.1. Bestimmen den Bohrdurchmesser.

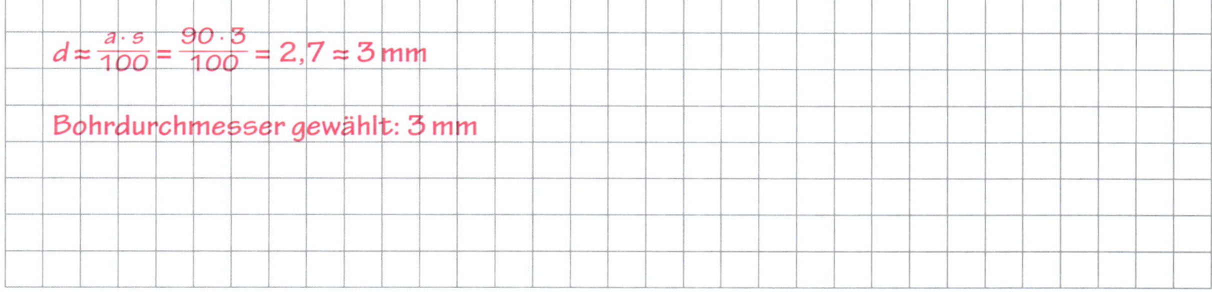

$d = \frac{a \cdot s}{100} = \frac{90 \cdot 3}{100} = 2{,}7 \approx 3\,\text{mm}$

Bohrdurchmesser gewählt: 3 mm

Lösungsvorschlag: Abfallsammler	
Offizieller Prüfungsteil – Planungsaufgaben	
Name:	Klasse:	Datum:

4.2. Skizzieren Sie die noch ungebogene Konsole links Pos. 1 mit der Klinkstelle. Bemaßen Sie die Skizze.

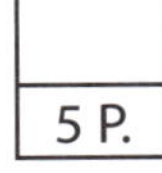
5 P.

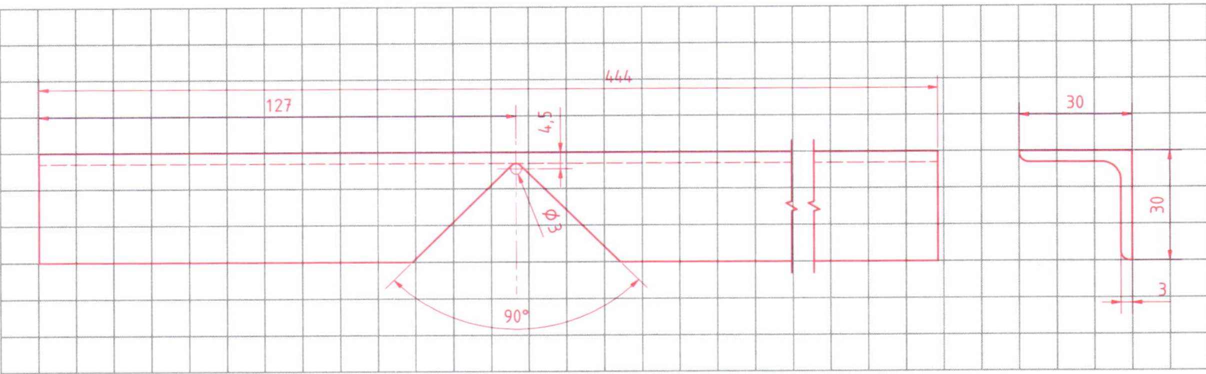

5. Es sollen 20 Abfallsammler gefertigt werden.

5.1. Berechnen Sie die Masse für alle dazu benötigten Konsolen. Verwenden Sie die Länge gemäß Stückliste.

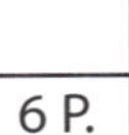
6 P.

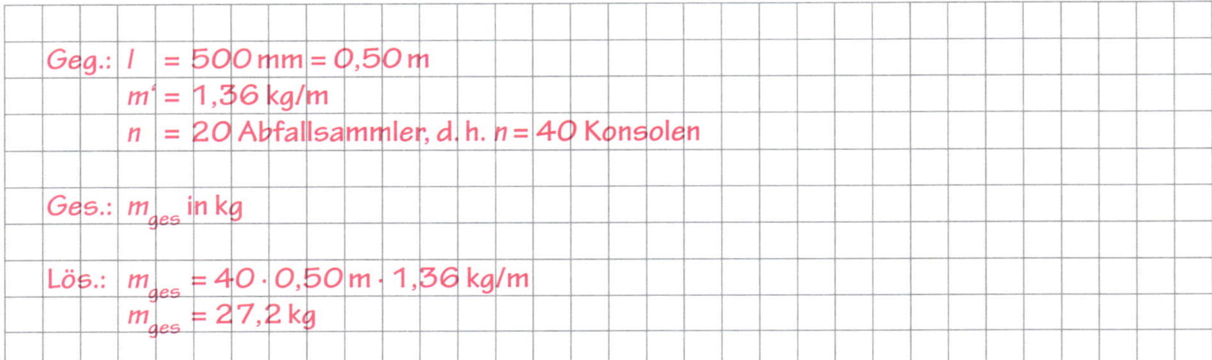

Geg.: $l = 500\,mm = 0{,}50\,m$
$m' = 1{,}36\,kg/m$
$n = 20$ Abfallsammler, d. h. $n = 40$ Konsolen

Ges.: m_{ges} in kg

Lös.: $m_{ges} = 40 \cdot 0{,}50\,m \cdot 1{,}36\,kg/m$
$m_{ges} = 27{,}2\,kg$

5.2. Wie viele 6-m-Längen des Winkelstahls müssen bestellt werden, wenn man die Sägeschnitte mit je 3 mm berücksichtigt?

4 P.

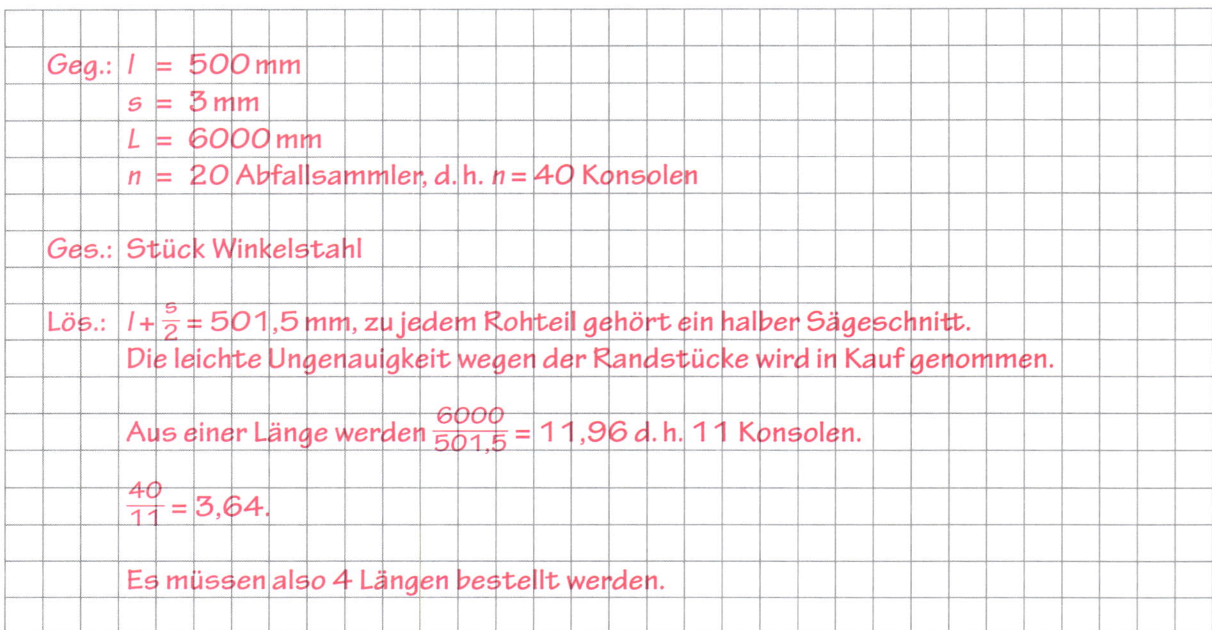

Geg.: $l = 500\,mm$
$s = 3\,mm$
$L = 6000\,mm$
$n = 20$ Abfallsammler, d. h. $n = 40$ Konsolen

Ges.: Stück Winkelstahl

Lös.: $l + \frac{s}{2} = 501{,}5\,mm$, zu jedem Rohteil gehört ein halber Sägeschnitt.
Die leichte Ungenauigkeit wegen der Randstücke wird in Kauf genommen.

Aus einer Länge werden $\frac{6000}{501{,}5} = 11{,}96$ d. h. 11 Konsolen.

$\frac{40}{11} = 3{,}64.$

Es müssen also 4 Längen bestellt werden.

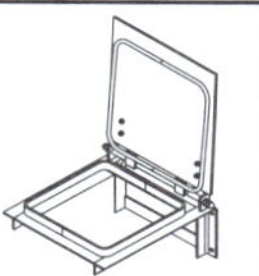

Lösungsvorschlag: Abfallsammler

Offizieller Prüfungsteil – Planungsaufgaben

Name:	Klasse:	Datum:

6. Nach dem Biegen messen Sie die Auskragung beider Konsolen. Sie stellen als Ismaße fest: Konsole links: 320,8, Konsole rechts: 319,5.

5 P.

6.1. Genügen die beiden Maße der Toleranz? Begründen Sie Ihre Lösung.

Als Toleranz ist laut Schriftfeld gemäß ISO 2768 m einzuhalten. Der Wert hier beträgt ±0,5 mm. Das heißt 320,8 mm ist außerhalb der Toleranz, Nacharbeit ist aber möglich. 319,5 mm ist in der Toleranz.

6.2. Werden Sie die beiden Konsolen unverändert verbauen? Begründen Sie Ihre Antwort.

5 P.

Nein, ich arbeite die längere der beiden Konsolen mit einer Feile nach, um die Toleranz auch da einzuhalten. Sinnvoll ist es, auch bei der zweiten Konsole ein Untermaß, möglichst denselben Wert wie bei der anderen Konsole zu erreichen. Das Einhalten von Winkligkeit und Parallelität der fertigen Konstruktion wird so erleichtert.

7. Tragen Sie in die Darstellung die dort sichtbaren Kehlnähte als Schweißraupen ein. Bemaßen Sie.

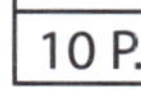

10 P.

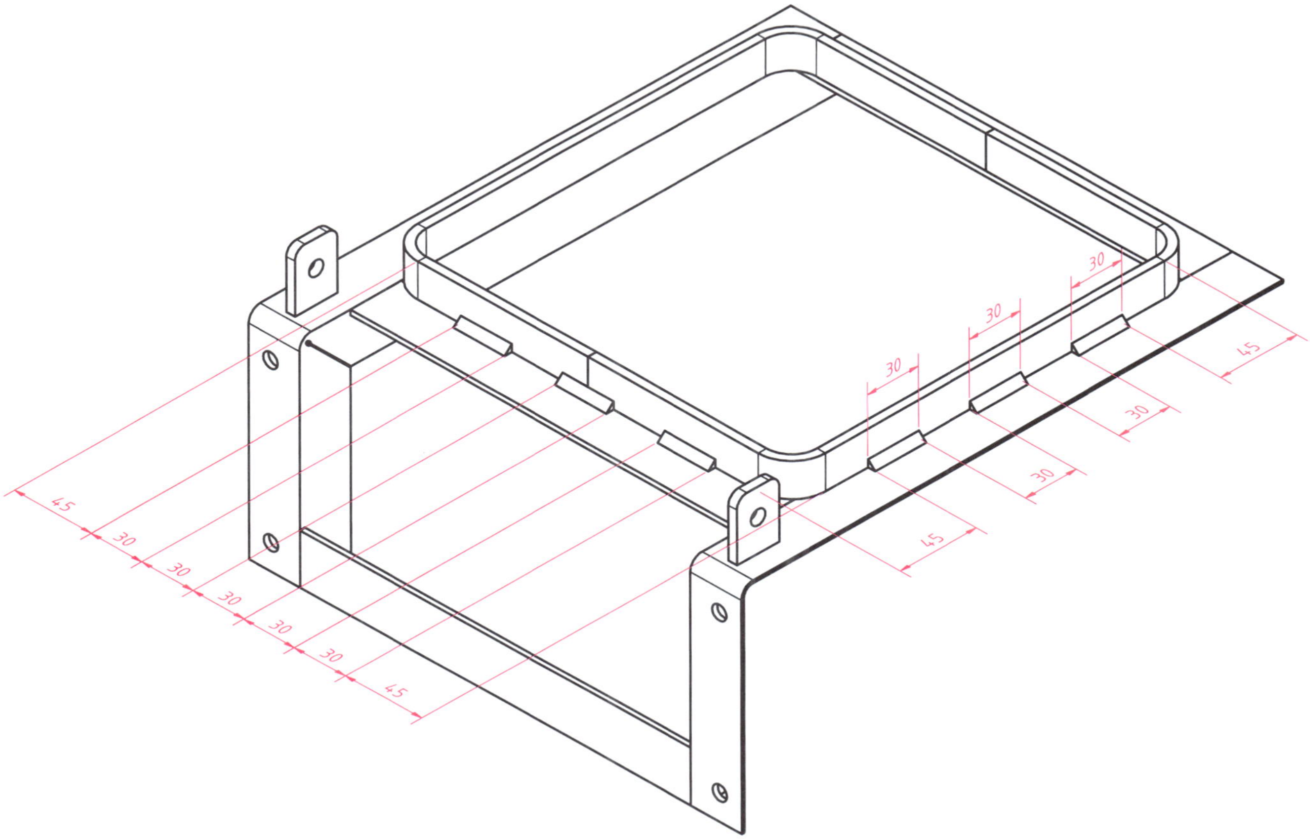

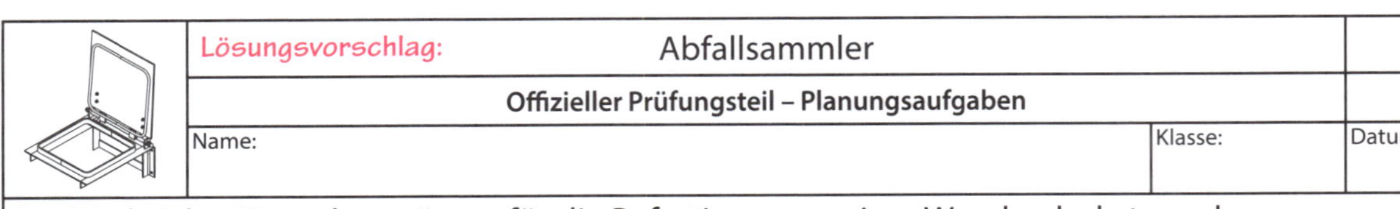

8. Die beiden Konsolen müssen für die Befestigung an einer Wand gebohrt werden. | 9 P.

8.1. Berechnen Sie die Drehzahl für einen HSS Bohrer.

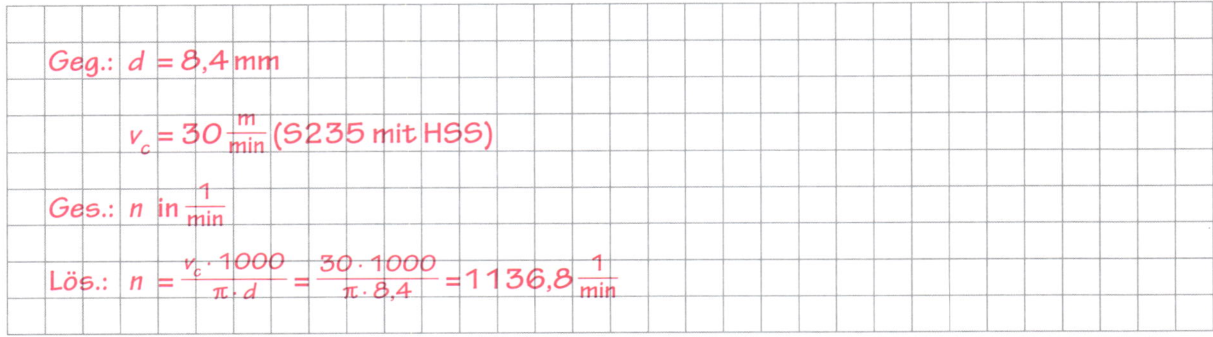

Geg.: $d = 8{,}4\,\text{mm}$

$v_c = 30\,\frac{\text{m}}{\text{min}}$ (S235 mit HSS)

Ges.: n in $\frac{1}{\text{min}}$

Lös.: $n = \frac{v_c \cdot 1000}{\pi \cdot d} = \frac{30 \cdot 1000}{\pi \cdot 8{,}4} = 1136{,}8\,\frac{1}{\text{min}}$

8.2. An der Bohrmaschine sind nur die Drehzahlen 200 – 400 – 800 – 1200 – 1800 – 2500 min^{-1} einstellbar. Welche Drehzahl stellen Sie ein? Begründen Sie Ihre Antwort. | 1 P.

Ich stelle 800 $\frac{1}{\text{min}}$ ein, weil ich bei 1200 $\frac{1}{\text{min}}$ die errechnete Drehzahl überschreite.

Alternativ: Ich stelle 1200 $\frac{1}{\text{min}}$ ein, weil ich so die errechnete Drehzahl nur unwesentlich überschreite.

9. Skizzieren und erläutern Sie das Schweißsymbol für das Fügen der beiden Rahmenteile Pos. 4 miteinander. | 10 P.

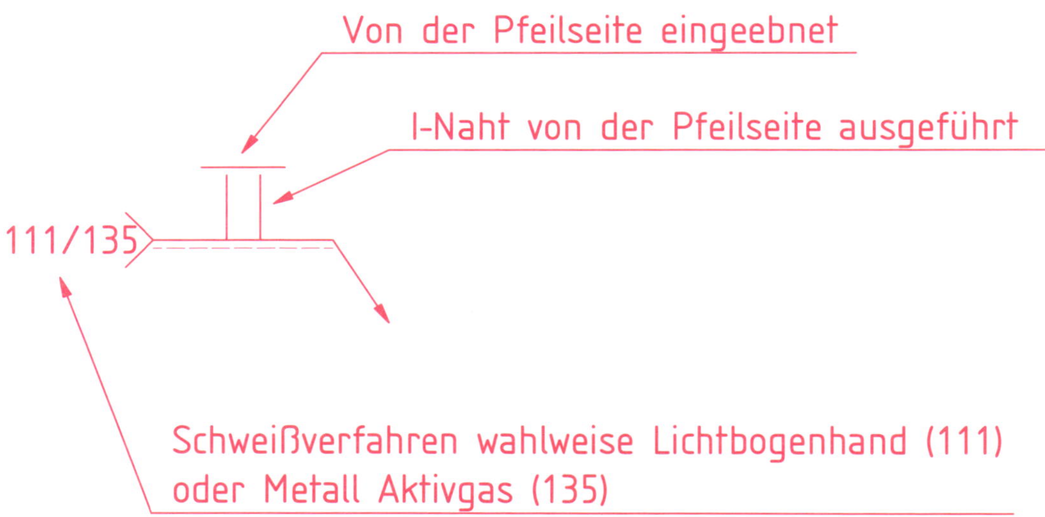

	Lösungsvorschlag: Abfallsammler	
	Offizieller Prüfungsteil – Planungsaufgaben	
	Name: / Klasse:	Datum:

10. Sowohl der Haltering als auch der Deckel sind nach der ersten Montage schwergängig beim Abheben. 5 P.

10.1. Welche Ursachen kann das haben?

a) Muttern Pos. 17 zu stark angezogen. Dadurch Zusammenziehen der beweglichen Teile.

b) Achse Pos. 7 verbogen.

10.2. Machen Sie Vorschläge zur Abhilfe. 5 P.

zu a) Lösen der Muttern Pos. 17 bis Leichtgängigkeit vorhanden ist und dann neu mit den Hutmuttern Pos. 18 gegen Verstellen kontern.

zu b) Achse demontieren, prüfen gegebenenfalls richten.

11. Der Haltering ist verbogen und soll ersetzt werden. Beschreiben Sie den Vorgang der Demontage. Benennen Sie auch die dafür erforderlichen Werkzeuge. 10 P.

Muttern Pos. 17 und 18 auf einer Seite lösen, zwei Gabelschlüssel SW 17, Achse Pos. 7 herausziehen. Deckel Pos. 11 komplett mit Bandkonstruktion Pos. 12 und Pos. 8 abheben. Haltering Pos. 5 mit Bandkonstruktion aus Pos. 10 und Pos. 9 entnehmen. (eventuell: Bandkonstruktion abtrennen, Winkelschleifer)

12. Der Abfallsammler soll an einer Wand aus Hochlochziegeln befestigt werden. Es sollen Spreizdübel Fischer SX verwendet werden. 2 P.

12.1. Wählen Sie aus der Tabelle auf der folgenden Seite eine geeignete Größe aus. Begründen Sie Ihre Wahl.

SXR 8x60 T Gut, sogar mit Zulassung bei Hochlochziegeln in Durchsteckmontage möglich.

12.2. Schlagen Sie eine geeignete Schraube vor. 1 P.

Schraube wird mitgeliefert.

12.3. Beschreiben Sie die Montage. Erwähnen Sie auch Werkzeuge Bohrdurchmesser und Tiefe. 7 P.

1. Bohrloch: Bohren, Drehbohren mit scharf geschliffenem Hartmetallbohrer 8 mm, Tiefe mindestens 70 mm. Montage des Abfallsammlers mit einer Schraube, ausrichten mit Wasserwaage.

2. Bohrloch in Durchsteckmontage: Bohren Dübel einschlagen, Schraube anziehen. Weitere zwei Bohrungen analog. Bohrlochreinigung entfällt bei Hochlochziegeln.

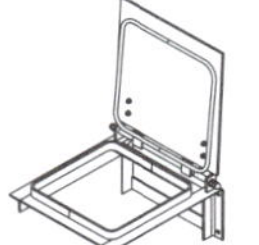

Lösungsvorschlag: Abfallsammler

Offizieller Prüfungsteil – Planungsaufgaben

Name:	Klasse:	Datum:

Schnittzeichnung

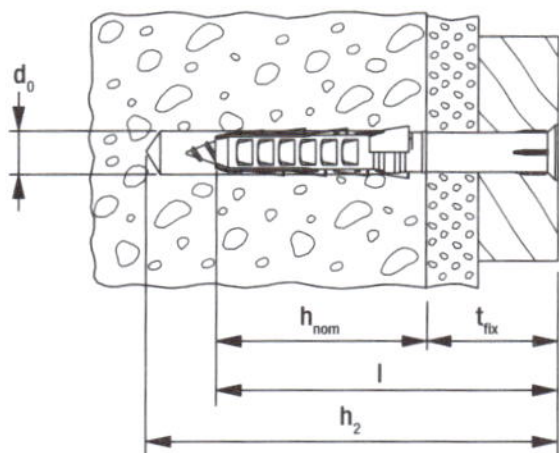

Anwendungen

- Fassaden-, Decken- und Dachunterkonstruktionen aus Holz oder Metall
- Fenster
- Tore und Türen
- Kanthölzer

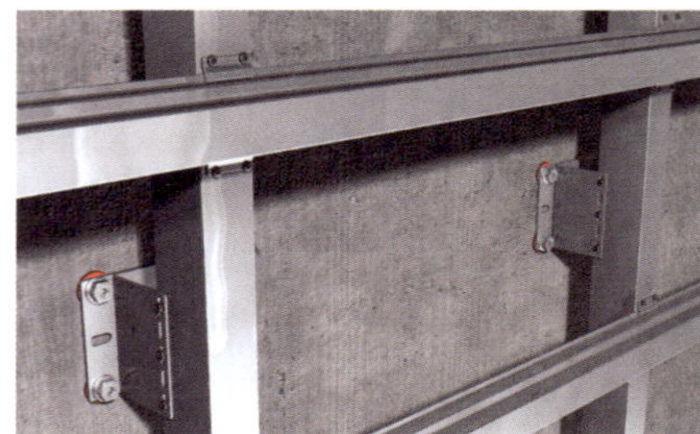

Montage

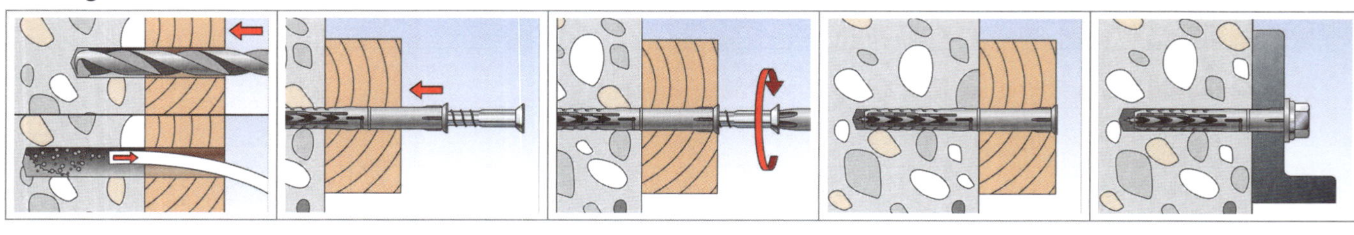

Technische Daten

Artikelbezeichnung	Art.-Nr.	Bohrer ∅ d_0 [mm]	Min. Bohrlochtiefe bei Durchsteckmontage h_2 [mm]	Min. Verankerungstiefe h_{nom} (h_v) [mm]	Dübellänge l [mm]	Schraubendurchmesser d_s [mm]	Min. Schraubenlänge l_s [mm]	Max. Dicke des Anbauteils t_{fix} [mm]	Verkaufseinheit [Stück]
SXR – ohne Schraube[1]									
SXR 6 x 35	503228	6	45	30	35	4,5	40	5	100
SXR 6 x 50	503229	6	60	30	50	4,5	55	20	100
SXR 6 x 60	503230	6	70	30	60	4,5	65	30	100
SXR 8 x 60	506194	8	70	50	60	5,5 – 6,0	65	10	100
SXR 8 x 80	506196	8	90	50	80	5,5 – 6,0	85	30	100
SXR 8 x 100	506198	8	110	50	100	5,5 – 6,0	125	50	100
SXR 8 x 120	506199	8	130	50	120	5,5 – 6,0	105	70	100
SXR-Z – mit galvanisch verzinkter Senkkopfschraube für Kreuzschlitz PZ-Bit[1), 2)]									
SXR 6 x 60 Z	503233	6	70	30	60	Antrieb PZ2		30	50

[1)] ohne Zulassung
[2)] nicht vormontiert

Artikelbezeichnung	Stahl, galvanisch verzinkt Art.-Nr. gvz	nicht rostender Stahl Art.-Nr. A4	Zulassung ETA	Bohrer ∅ d_0 [mm]	Min. Bohrlochtiefe bei Durchsteckmontage h_2 [mm]	Min. Verankerungstiefe h_{nom} (h_v) [mm]	Dübellänge l [mm]	Max. Dicke des Anbauteils t_{fix} [mm]	Antrieb	Verkaufseinheit [Stück]
SXR-T – mit fischer Sicherheitsschraube										
SXR 8 x 60 T	502999	–	■	8	70	50	60	10	T30	50
SXR 8 x 80 T	503000	–	■	8	90	50	80	30	T30	50
SXR 8 x 100 T	503001	–	■	8	110	50	100	50	T30	50
SXR 8 x 120 T	503002	–	■	8	130	50	120	70	T30	50
SXR 10 x 80 T	046263	046272	■	10	90	50	80	30	T40	50
SXR 10 x 100 T	046264	046274	■	10	110	50	100	50	T40	50
SXR 10 x 120 T	046265	046278	■	10	130	50	120	70	T40	50
SXR 10 x 140 T	046266	046279	■	10	150	50	140	90	T40	50
SXR 10 x 160 T	046267	046283	■	10	170	50	160	110	T40	50
SXR 10 x 180 T	046268	046285	■	10	190	50	180	130	T40	50
SXR 10 x 200 T	046269	046286	■	10	210	50	200	150	T40	50
SXR 10 x 230 T	046270	046287	■	10	240	50	230	180	T40	50
SXR 10 x 260 T	046271	046288	■	10	270	50	260	210	T40	50

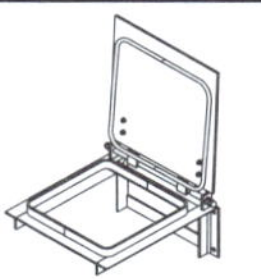

Lösungsvorschlag: Abfallsammler	
Offizieller Prüfungsteil – Planungsaufgaben	
Name:	Klasse:	Datum:

13. Erläutern Sie die Werkstoffangabe für den Deckel Pos. 11. **7 P.**

PE: Polyethylen, PE ist Kunststoff unterer Qualität, aber am häufigsten eingesetzt.

HD: High Density, hohe Dichte, d. h. per se undurchsichtig, etwas fester als herkömmliches PE.

14. Im Deckel sind Bohrungen zu fertigen.

14.1. Welche Besonderheiten sind zu berücksichtigen? **3 P.**

Es handelt sich um Kunststoff, keine Wärmeableitung in den Werkstoff, Bohrer kann leicht überhitzen.

Wenn möglich Bohrer Typ „H“ verwenden, spitz angeschliffen, „körnen“ mit heißer Nadel, Holzunterlage verwenden. Ein HSS-Bohrer wird aber auch funktionieren.

14.2. Ermitteln Sie die Drehzahl für einen zur Herstellung der Bohrungen geeigneten Bohrer. **7 P.**

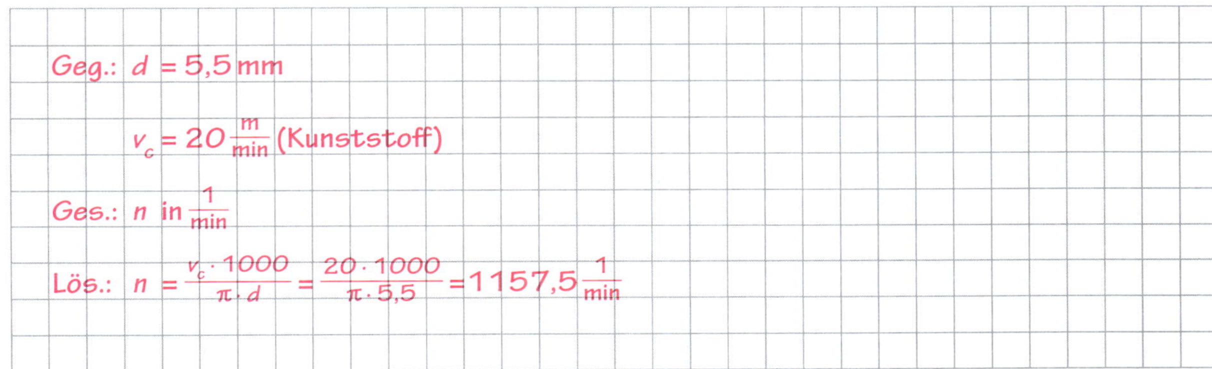

Lösungsvorschlag: **Abfallsammler**

Arbeitsplan/Montageplan

Name: | Klasse: | Datum:

Werkstück mit Pos. Nr. Unterbaugruppe gemäß Zeichnungsblatt 2, Positionen 1, 2, 3, 4 und 6

Nr.	Arbeitsschritt	Beschreibung / Arbeitswerte	Werkzeuge / Hilfsmittel	Begründung / Erläuterung / Kommentar / UVV
1	Heften Pos. 1 und Pos. 2 mit vorderer Strebe Pos. 3	Vorderkante bündig		
2	Heften Pos. 1 und Pos. 2 mit hinterer Strebe Pos. 3	Abstand 30 mm von der Hinterkante		
3	Heften Pos. 1 und Pos. 2 mit unterer Strebe Pos. 3	Unterkante bündig		
4	Prüfen von Winkligkeit, Parallelität, Maßhaltigkeit	Abstand 30 mm hintere Strebe		gegebenenfalls nachrichten
5	Durchschweißen aller Nähte			gegebenenfalls nachrichten
6	Fügen von Hälften Pos. 4 zum Ring			Heften, richten durchschweißen
7	Glätten der I-Nähte			
8	Aufsetzen von Pos. 4 auf die Baugruppe	Schweißnähte $l = 30$ mm mit Abstand 30 mm und Vormaß 45 mm		
9	Vormontieren Achse mit Lagern	lichter Abstand 255 +0,5/−1 mm		Lager auf der Achse mit Muttern fixieren
10	Heften der Lager	Abstand 10 mm		Auf Parallelität zu Flanschseite der Konsolen achten

Eventuell erforderliche Berechnungen auf der Rückseite

Lösungsvorschlag: Abfallsammler

Arbeitsplan/Montageplan

Name: Klasse: Datum:

Werkstück mit Pos. Nr. Konsole links Pos. 1

Nr.	Arbeitsschritt	Beschreibung / Arbeitswerte	Werkzeuge / Hilfsmittel	Begründung / Erläuterung / Kommentar / UVV
1	Rohteil ablängen	320 + 130 – 6 mm = 444 mm l = 444 mm	Anschlagwinkel, Reißnadel Handbügelsäge, Schraubstock	gestreckte Länge bestimmen, Anreißen
2	Anriss für Ausnehmung zum Biegen	Mitte bei 130 – 3 mm = 127 mm	Stahlmaß	
3	Anriss Sägelinien beim Maß a	Gehrungswinkel 45°, Reißnadel		Maß $a = s = 3$ mm, Sägelinien unter 45°
4	Anriss und Körnen Bohrungsmittelpunkt	Hammer, Körner, Stahlmaß, Anschlagwinkel		4,5 mm von Hinterkante, mittig bei 127 mm
5	Bohren mit Durchmesser 3	n = 3183 1/min, also wahrscheinlich höchstmögliche Drehzahl der Bohrmaschine	Tischbohrmaschine, Bohrer 3 mm	Schutzbrille, ohne Handschuhe arbeiten
6	Biegen	90°	Schraubstock, Flachwinkel	Auf Gleichmäßigkeit achten, Mitte erreichen
7	Heften		Schweißausrüstung	PSA
8	Anreißen und Körnen der Befestigungsbohrungen	17 von Flanschseite / 20 und 115 von oben	Parallelreißer, Höhenreißer	
9	Bohren und entgraten	n = 1137 1/ min (bohren) n = niedrigst (entgraten, ansenken)	Bohrer 8,4 mm, Kegelsenker	Schutzbrille, ohne Handschuhe arbeiten
10	Prüfen	320 mm / 130 mm / 90°	Stahlmaß, Flachwinkel	

Eventuell erforderliche Berechnungen auf der Rückseite

Notizen

Verstellbarer Bock

Arbeitsplan/Montageplan

Name:	Klasse:	Datum:

Werkstück mit Pos. Nr. ____________________

Nr.	Arbeitsschritt	Beschreibung / Arbeitswerte	Werkzeuge / Hilfsmittel	Begründung / Erläuterung / Kommentar / UVV

Eventuell erforderliche Berechnungen auf der Rückseite

Abfallsammler

Arbeitsplan/Montageplan

Name:	Klasse:	Datum:

Werkstück mit Pos. Nr. ______

Nr.	Arbeitsschritt	Beschreibung / Arbeitswerte	Werkzeuge / Hilfsmittel	Begründung / Erläuterung / Kommentar / UVV

Eventuell erforderliche Berechnungen auf der Rückseite